DER KRYPTO FÜHRERSCHEIN

2024

Alles, was Sie als Einsteiger über Kryptowährungen wissen müssen und wie Sie sich mit Bitcoin, Ethereum & Co erfolgreich ein Vermögen aufbauen können

PHILIPP MILLER

Der Kryptoführerschein 2024: Alles, was Sie als Einsteiger über Kryptowährungen wissen müssen und wie Sie sich mit Bitcoin, Ethereum & Co erfolgreich ein Vermögen aufbauen können

Autor: Philipp C. Miller

Herausgeber: DeS Verlag

INHALTSVERZEICHNIS

KAPITEL 1: Vorwort **1**

KAPITEL 2: Kryptowährungen, Kauf und Co für Eilige **5**

KAPITEL 3: Die Blockchain – Basis für Kryptowährungen **9**

KAPITEL 4: Kryptowährungen **15**

- Der Unterschied zu Fiatgeld 16
- Der Unterschied zu Gold und Silber 18
- Der Unterschied zu Aktien 20
- Der Unterschied zu Immobilien 23
- Wofür sich Kryptowährungen (derzeit) eignen 25
- Coins und Token 26
- Exkurs: NFT 28
- Smart Contracts 30
- Öffentliche und private Schlüssel 33
- So bildet sich der Preis bei Kryptowährungen 35
- Kryptowährungen als gesetzliches Zahlungsmittel 37
- Staatliche Kryptowährungen 38
- Mit Kryptowährungen zahlen 40
- Exkurs: Kryptowährungen und Anonymität 43
- Exkurs: Kryptowährungen, DeFi und der Umbruch 45
- Krypto-Slang 46
  - *HODL* 46
  - *FUD* 47
  - *Rekt* 47
  - *To the Moon* 48
  - *Stacking Sats* 48
  - *Whale* 49

KAPITEL 5: Aufbewahrung 51
Software und Web Wallet 53
Hardware Wallet 55
Paper Wallet 57
Sicherheitsaspekte von Wallets 59
KAPITEL 6: Kryptobörsen 63
Funktionsweise von Kryptobörsen 64
Sicherheit von Kryptobörsen 66
Sonderfall: Kryptozertifikate und Co 69
KAPITEL 7: Expertenwissen: Konsensmechanismen 71
Proof of Work (Mining) 72
Proof of Stake und Staking 73
Proof of Burn 75
Proof of Capacity 78
Proof of Authority 79
Proof of Person 80
Proof of Elapsed Time 81
Proof of History 82
Practical Byzantine Fault Tolerance 83
KAPITEL 8: Bitcoin 85
Geschichte des Bitcoin 86
Der Bitcoin im Detail 88
Ist der Bitcoin fälschungssicher? 88
Wie läuft eine Bitcoin-Transaktion ab? 89
Wie viele Bitcoins wird es maximal geben? 90
Wie ist das Bitcoin Guthaben verteilt? 91
Ist der Bitcoin anonym oder pseudonym? 91
Wie garantiere ich Sicherheit für meine Bitcoins? 92
KAPITEL 9: Ethereum 95
Geschichte von Ethereum 96
Ethereum im Detail 98

KAPITEL 10: Altcoins **101**
Stablecoins 103
Tether (USDT) 104
USD Coin (USDC) 106
Binance Coin (BNB) 107
Binance USD (BUSD) 109
XRP/XRP Ledger (XRPL) 110
Cardano (ADA) 111
Solana (SOL) 113
Dogecoin (DOGE) 114
Weitere Altcoins 116
KAPITEL 11: Die richtigen Kryptowährungen für den Start **121**
KAPITEL 12: Können Sie mit Kryptowährungen reich werden? **125**
Beispielportfolio vom Coin Bureau 129
Beispielportfolio vom Krypto-Report 130
Beispielportfolio gemäß Top Ten der Kryptowährungen 131
KAPITEL 13: Berühmte Krypto-Pleiten, -Skandale und Datenlecks **133**
Mt. Gox 134
OneCoin 135
Terra UST und LUNA 135
Celsius 137
Bitfinex 138
Crypto.com 140
Africrypt 141
QuadrigaCX 141
FTX 142
KAPITEL 14: Kryptowährungen im Jahr 2024 – ein Ausblick **145**
Haftungsausschluss **149**

KAPITEL 1

Vorwort

Schon in den 1990er-Jahren gab es Ideen für einen digitalen Gegenentwurf zum klassischen Bargeld: entwickelt von Menschen aus der Cypherpunk-Bewegung. Die Öffentlichkeit nahm davon jedoch kaum etwas wahr – zumal Computer und Internet zu diesem Zeitpunkt erst langsam in das Blickfeld gerieten. Lange Zeit war Ruhe – bis die Finanzkrise Ende der 2000er-Jahre zuschlug. Im Jahr 2009 erschien der Bitcoin als erste Kryptowährung – nach der weltweiten Finanzkrise nahmen jedoch nur eingefleischte Nerds dieses neue digitale Geld wahr. Trotz der offensichtlichen Probleme, die das klassische Geldsystem mit sich brachte, wurde die digitale Alternative erst in den Jahren 2012 bis 2013 immer bekannter. Der globalen Öffentlichkeit wurde der Bitcoin erst im Jahr 2017 richtig bewusst, als sein Kurs in ungeahnte Höhen schnellte. Medien berichteten darüber und plötzlich kannte jeder den Begriff. Und alle wollten dabei sein. Zu diesem Zeitpunkt entwickelten sich bereits (seit einigen Jahren) andere Kryptoprojekte. Kryptobörsen tauchten auf und verschwanden wieder. Viel Schindluder wurde in dieser neuen Finanzwelt getrieben. Der Wilde Westen wurde digital. So schnell wie die Kurse stiegen, fielen sie auch wieder. Doch die breite Öffentlichkeit nahm nun Notiz von den neuen Währungen, das war unausweichlich. In den folgenden Jahren nahm der Hype wieder ab, bis der Bitcoin im Jahr 2021 in ungeahnte Höhen schnellte und mit ihm der gesamte Kryptomarkt. Unendlicher Reichtum war nur ein paar Klicks entfernt. Das dachten zumindest viele.

Mehr und mehr Menschen wollten Teil der Kryptowelt werden. Viele dachten an schnellen und ungeahnten Reichtum. Länder wie El Salvador (2021) oder die Zentralafrikanische Republik (2022) führten den Bitcoin sogar als offizielles Zahlungsmittel ein. Bitcoin-ETF konnten an klassischen Börsen gehandelt werden. Spaßwährungen wie der Dogecoin wurden durch Prominente wie Elon Musk (Geschäftsführer von Tesla) über Talkshow-Auftritte und Twitter-Tweets von heute auf morgen zu Goldgruben. Andere Spaß- und Memeprojekte, wie Shiba Inu oder der Pepe Coin, reihten sich ein. Beinahe jedes Kryptoprojekt profitierte und die Kurse schnellten nach oben. Zehntausende Kryptocoins und Token konnten an unzähligen Börsen gehandelt werden. Der Hype nahm augenscheinlich kein Ende.

Doch Ende 2021 und im gesamten Jahr 2022 fielen die Kurse: Es folgte ein Crash, der Unmengen an Geld verbrannte und zu hohen Verlusten bei den Anlegern führte. Kryptobörsen meldeten Insolvenz an und die Goldgräber-

Stimmung war vorerst vorbei. Die Kryptowelt erntete Spott und Hohn. Die öffentliche Diskussion drehte sich und Bitcoin und Co wurden mit Negativmeldungen überschwemmt. Im Jahr 2023 stabilisierte sich die Lage. Die Kurse stiegen langsam aber stetig wieder. Der Bitcoin befindet sich in einem Aufwärtszyklus (und einige Experten meinen, dass dieser bis Ende 2025 anhalten könnte). Vorsicht bei den Anlegern, diverse Gerichtsverhandlungen und spektakuläre Pleiten prägten das Jahr 2023, doch der dramatische Kursverfall der Vorjahre war vorerst gestoppt. Noch heute ist es so, dass die Nachrichten voll sind, wenn der Bitcoin-Kurs nach unten ausschlägt, aber kaum jemand Notiz davon nimmt, wenn der Kurs wieder steigt.

Doch Crash hin oder her: Das ändert nichts an der Tatsache, dass Kryptowährungen immer noch da sind und auch bleiben werden. Denn die Technologie, auf der alles basiert, ist eine Schlüsseltechnologie für die Zukunft: die Blockchain. Es ist müßig darüber zu diskutieren, ob Kryptowährungen im Nirwana verschwinden werden oder nicht. Sie werden es nicht. Kryptoprojekte werden sich weiterentwickeln. Einzelne Coins und Token werden immer einen Wert haben. Viele Menschen haben dazu gelernt und agieren nun vorsichtiger. Scams, Diebstahl und Wilder Westen werden durch die zunehmende Regulierung unterbunden. Die Frage ist nur, welche Projekte sich für wen lohnen? Wer profitiert wovon? Und ... wie können Sie als Investor daran teilhaben?

In den nächsten Kapiteln erfahren Sie alles über die Funktionsweise von Kryptowährungen. Sie erfahren, warum der Bitcoin ins Unermessliche stieg und danach wieder fiel. Sie lernen Ethereum kennen und auch Polkadot und Cardano sind Ihnen danach kein Fremdwort mehr. Sie wissen, dass FUD Sie immer begleiten wird und HODLn gar keine schlechte Idee ist. Und ... Sie erfahren, wie Sie richtig investieren und die Chancen nutzen, die die Welt der digitalen Währungen mit sich bringt. Sie lernen, wie Sie Ihre Kryptowährungen sicher aufbewahren, ein Vermögen damit aufbauen und wie Sie sich vor Hackern, Bösewichten und dem Wild-West-Gehabe vieler Kryptoprojekte schützen.

KAPITEL 2

Kryptowährungen, Kauf und Co für Eilige

1. Kryptowährungen basieren auf einer Blockchain. In dieser werden Transaktionen (nicht nur finanzieller Natur) in Blöcken gespeichert. Diese Blöcke sind dauerhaft verfügbar, oft dezentral, nicht manipulierbar und sorgen so für Vertrauen und Sicherheit innerhalb der Blockchain. Ohne eine Blockchain gäbe es keine Kryptowährungen. Die Blockchain jedoch könnte ohne Kryptowährung existieren.

2. Kryptowährungen existieren in Form von Coins und Token. Coins laufen auf einer eigenen Blockchain, Token laufen auf einer fremden Blockchain (meist Ethereum).

3. Für die Sicherheit auf Blockchains sorgen verschiedene Konsensmechanismen. Die bekanntesten sind Proof of Work und Proof of Stake. Es gibt jedoch noch weitere Mechanismen, die weniger energieintensiv oder fairer sind. Proof of Work ist ein

energieintensiver Mechanismus, der viel Strom benötigt. Proof of Stake ist umweltfreundlicher. Die Mechanismen basieren alle darauf, dass der Teilnehmer, der eine Kryptowährung verdienen möchte, einen Einsatz leistet. Dieser Einsatz kann Hardware, Zeit, der eigene Ruf oder die eigene Identität sein. Verschiedene Mechanismen sind unterschiedlich sicher.

4. Kryptowährungen ähneln in einzelnen Aspekten dem Fiatgeld, Aktien und Edelmetallen.

5. Spekulation mit Kryptowährungen können, je nach Währung, hochriskant sein, gleichermaßen bestehen die Chancen auf hohe Gewinne.

6. Kryptowährungen sind in wenigen Staaten als Zahlungsmittel offiziell zugelassen (derzeit nur zwei weltweit). Zahlen können Sie dennoch an sehr vielen Stellen mit verschiedenen Kryptowährungen. Die Rufe nach einer Regulierung für Kryptowährungen werden immer lauter und einzelne Staaten haben damit begonnen, einzelne Aspekte zu regulieren – allen voran die USA und China. Dennoch ist der gesamte Kryptomarkt an vielen Stellen noch unreguliert.

7. Kryptowährungen sind nicht per se anonym. Viele sind pseudonymisiert. Transaktionen mit diesen Währungen sind prinzipiell nachverfolgbar, sodass nicht jede Kryptowährung Privatsphäre und Sicherheit bietet. Für Anonymität sorgen nur bestimmte Währungen sowie sogenannte Tumbler oder Mixer.

8. Die bekanntesten Kryptowährungen sind der Bitcoin sowie Ether aus dem Ethereum-Netzwerk. Neben diesen beiden Coins existieren noch diverse sogenannte Altcoins, die teilweise eine eigene Blockchain haben, größtenteils jedoch als Token auf der Ethereum-Blockchain laufen.

9. Kryptowährungen handeln Sie auf Kryptobörsen. Dort kaufen und verkaufen Sie die Währungen, die die Börse zulässt, zu Marktpreisen (zzgl. einer Gebühr für die Börse und eventuellen Gebühren für die jeweilige Blockchaintransaktion). Die Börsen ähneln dabei einem normalen Aktiendepot, nur dass Sie keine Aktien, sondern Kryptowährungen und Währungen handeln).

10. Für die Aufbewahrung der Währungen gibt es Cold und Hot Wallets. Diese unterteilen sich in Web Wallets und Software Wallets sowie Hardware Wallets und Paper Wallets. Die sicherste Aufbewahrung für Ihre Kryptowährungen sind Hardware Wallets, die zu den Cold Wallets zählen. Möchten Sie schnell und flexibel mit Ihren Kryptowährungen handeln, benötigen Sie jedoch ein Web Wallet oder ein Software Wallet.

11. In einem Kryptowährungsportfolio sollten sich immer unterschiedliche Coins und Token befinden, sodass eine Diversifizierung vorherrscht. Die Gewichtung ist dabei nach eigener Risikobereitschaft vorzunehmen. Es bietet sich jedoch an, auf Coins und Token mit einer hohen Marktkapitalisierung zu achten. Alternativ

können Sie in Projekte investieren, denen Sie Zukunftschancen einrechnen.

12. Bei einer Spekulation mit Kryptowährungen kann der Totalverlust drohen, ohne dass sich dies im Vorfeld angekündigt hat (oft anders als bei Aktien). Beispiele dafür gab es in der Vergangenheit genug, etwa Terra LUNA oder der FTX Token.

13. In den letzten Jahren gab es diverse Skandale, Datenlecks und Betrügereien in diesem Umfeld, sodass es unabdingbar ist, gut zu recherchieren, bevor Sie in Kryptowährungen investieren, selbst wenn Ihnen auch das keine 100 %ige Sicherheit geben kann.

KAPITEL 3

Die Blockchain – Basis für Kryptowährungen

Der größte Fehler, den viele Unwissende immer wieder machen, ist, dass sie die Blockchain mit Bitcoin gleichsetzen. Das ist grundlegend falsch. Blockchain ≠ Bitcoin. Die Blockchain ist eine der Schlüsseltechnologien für die Zukunft. Der Bitcoin ist eine Kryptowährung, die die Technologie der Blockchain nutzt. Ohne die Blockchain gäbe es keinen Bitcoin und keine Kryptowährungen. Aber ohne den Bitcoin und ohne Kryptowährungen gäbe es dennoch die Blockchain. Wenn Sie dieses Verständnis aufbauen, sind Sie dem Großteil der Gegner dieser Technologie einen Schritt voraus.

Das Prinzip der Blockchain ist recht simpel und dennoch extrem mächtig. Es ist nichts anderes als ein Buchhaltungssystem. Die Blockchain speichert Transaktionen nachvollziehbar und fälschungssicher. Das liegt daran, dass jede Transaktion mehrfach geprüft wird, bevor sie zur Speicherung freigegeben wird. Stellen Sie sich vor, dass die Blockchain aus einzelnen Blöcken besteht, die in einer Kette aneinandergereiht sind (chain = englisch für Kette). Jeder einzelne Block stellt eine Information dar. Bleiben wir beim Bitcoin, dann kann eine solche Information sein, wem ein Bitcoin gehört oder wann ein Bitcoin von einer Wallet (eine digitale Geldbörse - dazu später mehr) an eine andere Wallet übertragen wurde. Der nächste Block enthält neben der Information einen sogenannten Hash-Wert. Stellen Sie sich diesen Wert einfach als eine hochkomplexe Zahl vor, die nur ein einziges Mal existiert (Informatiker und Profis mögen diesen doch sehr simplen und nicht hundertprozentig exakten Vergleich entschuldigen). Dieser Hash-Wert errechnet sich aus der Information aus dem vorhergehenden Block. In einem Block ist also eine Information sowie ein Hash-Wert gespeichert. Im nächsten Block wird wieder eine Information gespeichert und ein Hash-Wert, der sich wieder aus dem vorhergehenden Block errechnet. Das Prinzip geht immer so weiter.

Und genau an dieser Stelle zeigt sich das unglaubliche Potenzial der Blockchain, denn sie garantiert absolute Sicherheit der Informationen, die in ihr gespeichert sind. Sobald sich nämlich irgendein Block in der Kette ändert (etwa durch eine bewusste Manipulation über einen Hacker), ändert sich auch der Hash-Wert des manipulierten Blocks. Das führt dazu, dass der Folgeblock ebenfalls einen geänderten Hash-Wert hätte und so weiter. Sobald dies geschehen würde, würden keine neuen Blöcke mehr ans Ende der manipulierten Kette geschrieben, weil ja offenbar "irgendwas nicht stimmt" in den vorhergehenden Blöcken. Da noch dazu ein Konsens gefunden werden muss (dazu in einem späteren Kapitel mehr), ist es ohnehin (fast) nicht möglich, dass ein bereits geschriebener Block geändert werden kann. Das führt im Endeffekt zu absoluter Sicherheit der jeweiligen Blockchain.

Und so hat jedes einzelne Kryptoprojekt, egal mit welchem Ziel es am Markt agiert (als digitale Währung, als Basis für sogenannte Smart Contracts oder als Speicherort für bestimmte Verträge/Dokumente/Daten), eine eigene Blockchain oder läuft auf einer Blockchain. Hier kommt der Unterschied zwischen Coin und Token zum Tragen, der etwas später erläutert wird. Das Prinzip ist immer gleich: Eine Information und ein Hash-Wert ergeben einen Block.

Weiterhin gibt es zentrale (auch private) und dezentrale (auch öffentliche) Blockchains. Dezentrale Blockchains (wie die Bitcoin- oder die Ethereum-Blockchain) funktionieren, weil viele sogenannte Nodes eine Kopie der Blockchain besitzen und validieren, ob einzelne Informationen in die Blockchain geschrieben werden dürfen oder nicht. Ein Node ist im Prinzip ein Teilnehmer, der aktiv am Schreiben der Blockchain mitwirkt. Verdeutlicht an einem Beispiel kann das etwa so aussehen: Sie sind ein Teilnehmer, also ein Node. Es gibt noch zwei weitere Teilnehmer. Jeder von ihnen hat eine Datei auf seinem Computer gespeichert. Sie möchten nun eine Transaktion ausführen. Dafür informieren Sie die beiden anderen

Teilnehmer. Beide überprüfen nacheinander, ob diese Transaktion ausgeführt werden kann. Der erste, der der Meinung ist, dass die Transaktion in Ordnung ist, informiert den anderen Teilnehmer. Ist der ebenfalls derselben Meinung, speichern alle drei (Sie eingeschlossen) die neue Datei mit der nun erfolgten Transaktion. Normalerweise speichert jeder Teilnehmer eine Kopie der Blockchain, sodass diese redundant auf der ganzen Welt vorhanden ist. Fällt bei einer dezentralen Blockchain ein Teilnehmer aus, ist das nicht weiter relevant, da die anderen Teilnehmer die Blockchain am Leben halten. Dezentrale Blockchains können nicht kontrolliert werden (von privaten oder staatlichen Stellen), da die Nodes weltweit verteilt sind und es keine zentrale Instanz gibt, die die Macht über die Blockchain hat. Anders sieht es bei zentralen, also privaten oder staatlichen, Blockchains aus, die zumeist von Unternehmen, Konsortien oder (wie oben beschrieben) von Staaten kontrolliert werden. Hier gibt es nicht mehrere Nodes, die in die Blockchain schreiben, sondern das Unternehmen, das Konsortium oder der Staat verfügt über die Macht, die Blockchain zu steuern. Das hat Vorteile, wenn eine Blockchain etwa unternehmensintern genutzt wird, um Prozesse zu validieren oder Informationen zu verwalten. Im allgemeinen öffentlichen Zahlungsverkehr hat eine solche Blockchain Nachteile, da jede einzelne Transaktion nachverfolgbar ist. Doch zum Thema Anonymität und Pseudonymität kommen wir in einem späteren Kapitel noch genauer.

Im Bereich der Blockchain existieren noch Fachbegriffe wie Hard-, Soft- und Accidential-Fork, die 51 % Attacke, den byzantinischen Fehler und viele weitere. An dieser Stelle soll dieser Fachterminologie keine weitere Aufmerksamkeit geschenkt werden, da dies zu tief in die eigentliche Technologie gehen und nicht weiter zum grundlegenden Verständnis bezüglich Kryptowährungen beitragen würde. Informieren Sie sich gern über die Funktionsweise der Blockchain in einschlägiger Fachliteratur. Für Ihre Investitionen in Kryptowährungen oder Token ist dieses Wissen jedoch nicht zwangsläufig nötig.

KAPITEL 4

Kryptowährungen

Beschäftigen Sie sich näher mit Kryptowährungen, stellen Sie sehr schnell fest, dass Ähnlichkeiten zu anderen Finanzinstrumenten existieren. Auch Kryptowährungen unterliegen erklärbaren Kursschwankungen, wie das etwa bei Aktienkursen der Fall ist. Sie können die Währungen so kaufen, wie Sie auch Aktien kaufen würden. Sie können die Währungen ähnlich verwahren wie Ihr Bargeld und auf ähnliche Art und Weise mit ihnen zahlen, wie mit Ihrem Bankkonto. Es gibt Kreditkarten, die auf Basis von Kryptowährungen funktionieren - Sie zahlen dann schlussendlich nicht mit Ihrem Geld auf dem Bankkonto, sondern mit den Einlagen Ihres Krypto-Portfolios. Nur mit Edelmetallen lassen sich die Währungen weniger gut vergleichen, wenngleich es künftig der Fall sein könnte, dass zumindest der Bitcoin mit physischem Gold vergleichbar ist - doch dafür ist es derzeit noch zu früh.

Der Unterschied zu Fiatgeld

Viele Befürworter von Kryptowährungen sind der Ansicht, dass diese Währung dem klassischen Fiatgeld klar überlegen ist. Fiatgeld selbst hat keinen eigenen Wert. Den Wert geben ihm seine Nutzer, also unsere Gesellschaft und die Bürger eines jeden Landes. Das Material, aus dem ein 5-Euro-Schein besteht, hat keinen Wert. Die Zahl, die auf dem Stück Papier gedruckt ist, hat einen Wert für die Gesellschaft, in der es für diese Zahl einen Gegenwert gibt. Vereinfacht ausgedrückt: Würde sich die gesamte deutsche Gesellschaft darauf einigen, dass das universell gültige Tauschmittel in Zukunft Steine sind, in die Zahlen ab 5.000 eingeritzt sind, dann kann jeder seine Steine mit dem entsprechenden Zahlenwert bei jedem anderen eintauschen, der diese Steine akzeptiert. Fiatgeld entspricht genau diesem Prinzip. Einzelne Länder haben für sich definiert, wie das eigene Fiatgeld heißen soll (z. B. Euro, Dollar, Lira, Pesos, Sucre, Yen oder Kronen – also eine Währung) und welchen Wert eine Zahl in dieser Währung hat. Fasst eine Regierung den Beschluss, dass die aktuelle Währung ersetzt werden soll, verlieren alle Münzen und Scheine in dieser Währung ihren Wert – von nun an gelten nur noch die neuen Münzen und Scheine in der neuen Währung. Die alte Währung wird gegen die neue Währung getauscht. In den vergangenen hundert Jahren wurde ein Währungstausch in Deutschland mehrfach durchgeführt: Aus Mark wurde die Rentenmark und etwas später die Reichsmark. Aus der Reichsmark wurde die D-Mark und DDR-Mark. Nach der Wiedervereinigung wurde überall die D-Mark eingeführt und die DDR-Mark wurde eingestellt. Als letzte und aktuelle Währung wurde der Euro eingeführt. Die Chancen sind hoch, dass es künftig noch andere Währungen geben wird und auch der Euro nicht unbedingt die letzte Währung in unserem Land sein wird.

Kryptowährungen hingegen sind weltweit nutzbar. Sie besitzen überall denselben Wert, lediglich umgerechnet in die jeweilige Landeswährung, also in das jeweilige Fiatgeld. Mit einem Euro können Sie nicht in Südamerika zahlen. Indische Rupien bringen Ihnen in den USA nichts und mit Yen wird es schwierig in Südafrika zu zahlen. Beim Bitcoin jedoch sieht dies anders aus. Je breiter er in den Gesellschaften anerkannt wird, desto einfacher ist es, überall mit ihm zu zahlen. Das wird in Deutschland noch ein wenig dauern, aber in Nigeria, zum Beispiel, besitzen 47 % der Bevölkerung Kryptowährungen. In Indonesien sind es 29 % und in Indien 28 %. In Deutschland sind es lediglich 12 % (BRANDT, 2023). Das zeigt, wie unterschiedlich stark Kryptowährungen weltweit akzeptiert sind. Der Bitcoin ist nicht abhängig davon, dass eine Zentralbank ihn herausgibt und definiert, wie viel oder wenig von ihm gedruckt wird (wie es bei Fiatgeld der Fall ist). Der Bitcoin ist dezentral und immer da (mehr über den Bitcoin lesen Sie im entsprechenden Kapitel). Dezentral bedeutet, dass weltweit unzählige Menschen den Bitcoin entstehen lassen und nicht - wie bei Fiatgeld - eine einzige Institution dafür verantwortlich ist (die Zentralbank des Landes). Fiatgeld ist daher zentral, der Bitcoin ist dezentral. Das trifft übrigens auch auf alle Altcoins zu (dazu später mehr), die nicht von einem privaten Unternehmen oder vom Staat erschaffen wurden.

Ein Nachteil von Kryptowährungen ist, dass diese nicht anonym sind (bis auf Ausnahmen). Eine Zahlung per Banküberweisung ist zwar auch nicht anonym, Zahlungen mit Bargeld jedoch schon. An dieser Stelle ist physisch vorhandenes Bargeld den meisten Kryptowährungen also überlegen. Wieso Kryptowährungen nicht standardmäßig anonym sind, lesen Sie etwas später im entsprechenden Kapitel.

Das bedeutet: Dezentrale Kryptowährungen sind dem Fiatgeld überlegen, weil sie weltweit einen Wert besitzen und für Zahlungen genutzt werden können, vorausgesetzt man würde sie überall anerkennen. Legen Sie Wert auf Anonymität, sind die meisten Kryptowährungen nicht geeignet und können Bargeld nicht ersetzen.

Der Unterschied zu Gold und Silber

Edelmetalle hatten schon immer einen Wert. Gold und Silber werden bereits seit Jahrtausenden gehandelt und verloren niemals ihren eigenen Wert - das ist ein Hauptargument, das Sie von vielen Befürwortern der beiden Edelmetalle hören werden. Der Wert schwankte von Jahr zu Jahr, Jahrzehnt zu Jahrzehnt und Jahrhundert zu Jahrhundert, doch wertlos wurden diese Metalle nie. Es ist auch nicht davon auszugehen, dass sie jemals wertlos werden. Bei Kryptowährungen kann dies durchaus passieren. Wenn einzelne Projekte nicht weiterentwickelt werden, Menschen das Vertrauen in ein Projekt und einen Coin oder Token (mehr dazu im nächsten Kapitel) verlieren oder wenn spektakuläre Pleiten (wie etwa die der Kryptobörse FTX im Jahr 2023) einen Coin von jetzt auf gleich nicht mehr nutzbar machen, verliert die Währung ihren Wert und verschwindet irgendwann im Nirwana. Hierbei spielt auch die Vertrauenswürdigkeit von Konsensmechanismen eine Rolle, wie Sie etwas später lesen werden. Bei Gold und Silber kann dies nicht passieren, da beide Metalle, wie Kryptowährungen, weltweit einen Wert besitzen. Sie können theoretisch in jedem Land der Welt mit Gold und Silber bezahlen, auch wenn das natürlich in der Praxis weniger schlau ist. Das könnten Sie theoretisch auch mit Kryptowährungen, nur werden Sie wahrscheinlich häufiger schief angeschaut, wenn Sie mit Bitcoin zahlen möchten, als wenn Sie mit Gold zahlen würden.

Einige Kryptowährungen werfen laufende Renditen ab. Das geschieht durch das sogenannte Staking (mehr dazu weiter unten). Gold und Silber werfen keine laufenden Renditen ab. Sie kaufen Gold oder Silber und verkaufen Gold oder Silber. Der Gewinn oder der Verlust sind Ihre (positive oder negative) Rendite. Kryptowährungen, die Sie staken können, werfen laufende Renditen ab, die Sie wieder investieren können (sozusagen der Zinseszins). Daher sind Staking-fähige Kryptowährungen Gold und Silber überlegen – bezogen auf die reine Renditefunktion.

Gold und Silber sind Wertanlagen, die nicht sehr volatil sind. Das heißt, dass sich ihr Wert nicht täglich drastisch verändert. Es ist recht wahrscheinlich, dass das Gold, das Sie heute kaufen, in einem Monat einen ähnlichen Wert hat. Bei Kryptowährungen ist dies nicht der Fall. Kaufen Sie heute Währung X, kann es sein, dass Sie in einem Monat extrem reich sind. Es kann aber auch sein, dass Sie in einem Monat spürbar weniger Gegenwert haben.

Das bedeutet: Langfristig sind Gold und Silber die sichereren Wertanlagen. Sie verlieren nie ihren kompletten Wert, während Kryptowährungen diesen sehr wohl verlieren können. Staking-fähige Kryptowährungen werfen laufende Renditen ab, während dies Gold und Silber nicht tun. Diese beiden Edelmetalle sind zudem weit weniger volatil und damit nicht so risikoreich (aber auch nicht so gewinnbringend) wie Kryptowährungen.

Der Unterschied zu Aktien

Geht es um die Volatilität der Kurse, spielen Kryptowährungen in einer ähnlichen Liga wie der Aktienmarkt: Bei der Vielzahl an Kryptowährungen/Aktien gibt es immer wieder stark schwankende Kurse, wenngleich diese bei Aktien häufig ein wenig einfacher zu erklären sind. Doch wer sich noch an den Wirecard- und den Steinhoff-Skandal erinnert, weiß, dass es auch bei Aktien von jetzt auf gleich zu einem Totalverlust kommen kann. Aktienkurse steigen und sinken oft weit mehr als das bei Edelmetallen der Fall ist. Normalerweise können Sie davon ausgehen, dass Aktien sich immer im einstelligen Prozentbereich bewegen - nach oben oder unten. Manche steigen heute um 3,5 % und fallen morgen um 0,2 %. Andere steigen heute um 1,1 % und fallen übermorgen um 4,5 %. Viele Faktoren spielen eine Rolle. Natürlich ist diese Annahme etwas zu generell, denn bezogen auf Einzelwerte kann das anders aussehen. Für eine globale Betrachtung ist diese Annahme jedoch nicht falsch. Kryptowährungen hingegen sind wesentlich riskanter. Sie steigen heute um 14,5 % und fallen morgen um 24 %. Manche machen an einem Tag 70 % Gewinn und am nächsten Tag 90 % Verlust. Sie sind also wesentlich volatiler als Aktien.

Hinter Aktien stehen Unternehmen, hinter Kryptowährungen in der Regel auch. Doch während Coca-Cola seit 1892 existiert, startete das Ethereum-Netzwerk erst 2015. Einige Kryptowährungen kommen in dem Moment auf den Markt, in dem Sie diese Zeile hier lesen. Das bedeutet, dass die meisten Aktienunternehmen bereits wesentlich länger am Markt sind als Kryptounternehmen. Erstere mussten bereits viele Krisen meistern, während letzteren dies noch erspart blieb. Recherchen über Aktienunternehmen liefern Ihnen wesentlich mehr Anhaltspunkte und Daten darüber, ob sich ein Investment lohnt oder nicht. Bei Kryptounternehmen ist dies nicht der Fall, da sie schlicht und ergreifend noch nicht lange genug existieren. Dadurch genießen sie oft weniger Vertrauen (selbst wenn dies ungerechtfertigt ist). Aktienunternehmen genießen also mehr Vertrauen, abhängig davon, in welchem Markt sie aktiv sind.

Es wird in diesem Ratgeber nicht näher auf Hebelprodukte oder sonstige Instrumente rund um Wertpapieranlagen eingegangen. Hier bestehen, wie bei Kryptowährungen, hohe Chancen, schnell viel Geld zu verdienen, aber auch zu verlieren. Hebelprodukte sind, von ihrem finanziellen Ergebnis her gesehen, eher mit der Spekulation mit Kryptowährungen vergleichbar – beides sind hochriskante Kapitalanlagen. Auch der Bitcoin und Ethereum werden noch in diese Kategorie der Kapitalanlagen eingeordnet, wobei es – zumindest bei Ether (vom Ethereum-Netzwerk) – nur eine Frage der Zeit ist, bis allen die Fähigkeit dieses Netzwerks klar wird.

Weiterhin haben Sie bei einem Investment in Aktien die Möglichkeit auf Dividenden. Regelmäßig erhalten Sie eine Ausschüttung von Gewinnen des Unternehmens, dessen Aktien Sie besitzen. Das ist bei Kryptowährungen nur durch Staking (dazu später mehr) umsetzbar. Dividenden und Staking können jedoch (theoretisch) auch eingestellt werden, sodass Sie keine Vorteile diesbezüglich haben. Bei Dividenden ist dies wahrscheinlicher, da die Hauptversammlung bestimmen kann, dass eine Dividende nicht ausgezahlt wird (etwa bei Schieflage eines Unternehmens). Bei einer Kryptowährung kann Staking nicht einfach abgestellt werden, da es ein Konsensmechanismus ist. Vielmehr ist es möglich, dass von diesem Konsensmechanismus auf einen anderen gewechselt wird, wobei auch das nicht einfach so umgesetzt werden kann. Es ist daher nicht davon auszugehen, dass eine Kryptowährung mit dem Proof-of-Stake-Mechanismus einfach so das Staking einstellen kann.

Das bedeutet: Aktien bieten Ihnen die Möglichkeit, Ihr Vermögen zu vermehren. Eher selten besteht die Chance, dass Sie Ihr gesamtes Geld verlieren. Kryptowährungen bieten Ihnen die Möglichkeit, Ihr Vermögen massiv und in kürzester Zeit zu vermehren. Allerdings besteht eher häufig die Chance, dass genau das nicht passiert und Sie Ihr komplettes Guthaben verlieren. Kryptowährungen sind - rein bezogen auf das Risiko eines Totalverlusts - am ehesten vergleichbar mit Hebelprodukten. Angemerkt sei jedoch auch, dass es auch rund um Kryptowährungen Hebelprodukte gibt. Das heißt, dass sich die vielen unterschiedlichen Finanzprodukte, die es rund um Aktien zusätzlich gibt, langsam aber sicher auch auf Kryptowährungen übertragen. Die Zukunft bleibt daher spannend, was den Vergleich zwischen Aktien und Kryptowährungen angeht.

Der Unterschied zu Immobilien

Dieser Vergleich hinkt ein wenig, denn Immobilien haben, zusätzlich zur reinen Wertanlage, auch einen ganz anderen Nutzen. Sie können in Ihrer Immobilie wohnen. Sie hat einen emotionalen Wert für Sie. Sie bietet Ihnen ein Dach über dem Kopf und ein Gefühl der Sicherheit für sich selbst und Ihre Kinder. Außerdem verkaufen Sie eine Immobilie nicht bereits nach ein paar Tagen wieder, sondern Sie möchten normalerweise „etwas daraus machen".

Immobilien sind daher vielfältiger. Werden sie jedoch ausschließlich anhand ihrer Rendite betrachtet, dann sind Immobilien, ähnlich wie Gold und Silber, eine langfristige Sicherung Ihres Geldes. Sie wissen zwar heute noch nicht, wie sich die Wohngegend oder das Klima verändert und welchen Einfluss das auf Ihre Immobilie hat, doch Sie können davon ausgehen, dass Ihre Immobilie einen Wert haben wird. Außer Sie versichern sie nicht und sie wird dem Erdboden gleichgemacht.

Ihre Immobilie wirft dennoch keine laufenden Erträge ab. Staking-fähige Kryptowährungen tun dies. Mit Ihrer Immobilie können Sie auch nirgendwo bezahlen. Sie können maximal eine Hypothek aufnehmen, um sich frisches Geld zu besorgen. Mit Kryptowährungen können Sie bezahlen. Sie können Ihre Immobilie auch nicht von jetzt auf gleich zu Geld machen. Kryptowährungen schon. Dafür genießen Sie mit Ihrer Immobilie viele andere Vorzüge, die weit über das Finanzielle hinausgehen.

Das heißt: Eine Immobilie ist normalerweise eine Wertanlage. Kryptowährungen sind (derzeit noch) ein Spekulationsobjekt. Möchten Sie Ihr Geld sicher verwahren und sind Sie zudem nicht sehr risikoaffin, sollten Sie Immobilien vorziehen.

Wofür sich Kryptowährungen (derzeit) eignen

Sie kennen nun die Unterschiede zu anderen Möglichkeiten der Finanzinvestition. Welche die Richtige für Sie ist, müssen Sie selbst entscheiden. Oft bietet sich eine Mischung aus allem an. Sie wissen nun, dass sich Kryptowährungen eignen, wenn Sie der Fiatwährung und dem Bargeld in Ihrem Land nicht trauen. Sie eignen sich, wenn Sie die Chance ergreifen möchten, kurzfristig hohe Gewinne zu erzielen. Ebenfalls eignen sie sich, wenn Sie davon ausgehen, dass Sie in Zukunft immer häufiger mit ihnen zahlen können. Kryptowährungen eignen sich für Sie auch, wenn Sie in Unternehmen und Projekte investieren möchten, die nicht börsennotiert sind. Sie eignen sich, wenn Sie darauf vertrauen, dass die Welt in Zukunft technologisch völlig anders aussehen wird, als sie es jetzt tut und dass Kryptoprojekte einen essenziellen Anteil dran haben werden. Und sie eignen sich, wenn Sie fest an ein Projekt glauben und selbst Teilnehmer im jeweiligen Projekt sind: Dann können Sie mit Ihren Coins oder Token innerhalb des Projektes Transaktionen durchführen.

Kryptowährungen eignen sich für Sie nicht, wenn Sie wenig risikoaffin sind. Haben Sie Angst, Ihre Investition zu verlieren, sollten Sie nicht mit Kryptowährungen spekulieren. Sie eignen sich nicht, wenn Sie Ihr Geld sichern möchten, dann sind Gold, Silber und Immobilien immer noch die bessere Anlage. Kryptowährungen eignen sich nicht, wenn Ihnen hundertprozentige Anonymität wichtig ist. Dann brauchen Sie Bargeld, eine sehr spezifische Kryptowährung oder einen Tumbler. Auch eignen sich Kryptowährungen für Sie nicht, wenn es Ihnen reicht, dass Sie stetig immer wieder einen kleineren passiven Ertrag erwirtschaften: Hierzu eignen sich Dividenden-Aktien oder Zins-bringende Konten bei Ihrer Bank.

Coins und Token

In der Welt der Kryptowährungen werden Ihnen zwei Begriffe immer wieder über den Weg laufen: Coins und Token. Coins sind die Währungen, die über eine eigene Blockchain verfügen. Sie sind nicht abhängig von einer anderen Blockchain. Der Bitcoin funktioniert nur durch seine eigene Bitcoin-Blockchain. Ethereum hat seine ganz eigene Ethereum-Blockchain. Ein XRPL von Ripple Labs hängt mit der Blockchain von diesem Unternehmen zusammen. Es finden sich noch viele derartige Beispiele in der Welt der Kryptowährungen und alle repräsentieren die Coins.

Ein Token hingegen hat keine eigene Blockchain, sondern existiert auf anderen Blockchains. Die meisten Token existieren heutzutage auf der Ethereum-Blockchain. Dafür entwickelte Ethereum den ERC20-Standard. Es handelt sich dabei um ein Format, dass gezielt dafür entwickelt wurde, dass Projekte, die mit Token funktionieren, auf der Ethereum-Blockchain laufen können. Dieses Format erlaubt es, dass mit den Token Transaktionen und Smart Contracts (dazu später mehr) gespeichert werden können. Daher werden Sie im Zusammenhang mit Token auch darauf stoßen, dass es sich hierbei um einen ERC20-Token handelt. Sie wissen dann, dass dieser Token das ERC20-Format der Ethereum-Blockchain nutzt. Neben diesem Standard gibt es noch den ERC721-Standard. Auch dieser repräsentiert Token, die auf der Ethereum-Blockchain laufen. Dieser Standard unterscheidet sich vom ERC20-Standard in einigen Punkten. ERC721-Token sind nicht austauschbar, sondern jeder einzelne Token erfüllt eine spezifische Funktion. Bei ERC20-Token ist dies nicht der Fall -die Token können untereinander ausgetauscht werden. Zudem sind ERC721-Token nicht in kleinere Einheiten aufteilbar. Und zu guter Letzt sind ERC721-Token rückverfolgbar bis zum Ursprung. Es gibt noch weitere Standards, wie den ERC-1155- oder den ERC-4626-Standard. Deren Erklärung würde jedoch an dieser Stelle zu weit führen. Sobald ein ERC vor der Zahl steht, wissen Sie, dass die Ethereum-Blockchain die Basis des Tokens ist.

Coins sind im Prinzip digitales Geld. Sie können mit Coins Waren oder Dienstleistungen bezahlen. Token hingegen besitzen eine andere Aufgabe. Sie sind meist eingebunden in ein Ökosystem und erlauben den Besitzern der Token in diesem System bestimmte Funktionen auszuführen. Unter dem Begriff Ökosystem können Sie auch ein Projekt in der Kryptowelt verstehen. Jedes Projekt verfolgt ein bestimmtes Ziel und wird oft getragen von einem Unternehmen, einer Stiftung oder ähnlichem. Innerhalb dieses Ökosystems können Besitzer mit den

Token bezahlen, erhalten eine bestimmte Zugangsberechtigung oder zeigen den Besitz an einem bestimmten Vermögenswert an. Token erlauben also mehr Spielraum als Coins. Sehr einfach ausgedrückt können Sie mit einer bestimmten Anzahl Token in einem Computerspiel etwa irgendetwas kaufen, das in diesem Computerspiel vorkommt. Auf Kryptobörsen können Sie diese Token dann zu realem Geld machen, indem Sie sie kaufen und verkaufen - aber nur, wenn die Token auf der jeweiligen Börse auch handelbar sind (mehr dazu später).

Token, die Sie in einem Ökosystem nutzen, sind sogenannte Utility-Token. Sie haben eine Funktion innerhalb des Ökosystems. Eine andere Form der Token sind Security-Token. Betrachten Sie diese als eine Art Aktie. Security-Token sind ein Vermögenswert, den Sie handeln können. Unternehmen können Security-Token anbieten, die einem Anteilsschein entsprechen (also das, was auch Aktien ausmacht). Vereinfacht ausgedrückt sind Security-Token tokenisierte Aktien.

Exkurs: NFT

NFT steht für non-fungible Token. Das heißt, dieser Token ist nicht austauschbar. Wäre er austauschbar, handelt es sich um einen fungible Token. Stellen Sie sich diese Austauschbarkeit so vor, dass Sie jeden beliebigen Geldschein mit einem Wert gegen jeden beliebigen anderen Geldschein mit demselben Wert tauschen können. Jeder 10-Euro-Schein kann mit jedem anderen 10-Euro-

Schein ausgetauscht werden und Sie hätten immer noch einen 10-Euro-Schein in der Hand. Für Sie und die Person, der Sie den 10-Euro-Schein geben, macht es keinen Unterschied, um welchen 10-Euro-Schein es sich handelt. Bei Token ist das auch so, außer es handelt sich um einen einzigartigen Token. Einen, der einen bestimmten und explizit definierten Vermögensgegenstand oder einen anderen eindeutigen Gegenstand in der Blockchain repräsentiert. Dann handelt es sich um einen nicht austauschbaren, also non-fungiblen Token - einen NFT. Während Sie andere Token beliebig nutzen können, um etwas zu zahlen und es Ihnen und dem Empfänger egal ist, "welchen" Token der Währung Sie verwenden, übergeben Sie bei einer Zahlung mit einem NFT einen konkreten, an diesen NFT gekoppelten, Wert. Ein NFT existiert nicht in Untereinheiten, es gibt also keine Cent (wie bei Euro oder beim US-Dollar) und auch keine Satoshi (wie beim Bitcoin). Ein NFT existiert nur ein einziges Mal.

Sie kennen NFTs eventuell bereits aus der Welt digitaler Bilder. Die Bored Apes sind dabei allgemein bekannt. Es handelt sich um Bilder von Affen in verschiedenen Posen. Ein solches digitales Bild eines Bored Ape können Sie erwerben und es gehört einzig und allein Ihnen, wenn Sie den NFT dazu besitzen. Das ist Ihr Nachweis, dass Ihnen diese digitale Datei gehört - und niemand anderem. Ein NFT enthält daher nicht die Datei selbst, sondern einen Verweis auf eine Datei. Erwerben Sie also einen NFT, erwerben Sie normalerweise nicht zwangsläufig direkt die Datei, auf die der NFT verweist, sondern das, was im

Smart Contract dazu geregelt ist (siehe nächstes Kapitel) – etwa die Nutzungsrechte an der Datei (oder, je nachdem, was im Smart Contract geregelt ist, schlussendlich doch die Datei).

Sie können davon ausgehen, dass Sie den NFT immer besitzen werden (es sei denn, Sie verkaufen ihn). Er ist in der Blockchain gespeichert und wird, wenn er in Ihrem Wallet liegt, auch immer Ihnen gehören (es sei denn, Sie verlieren den Zugang zu Ihrem Wallet – dazu mehr im entsprechenden Kapitel). Das Objekt, auf das der NFT verweist, muss jedoch nicht immer dort liegen, wohin der NFT verweist. Das Problem dabei ist, dass der Verweis, der im NFT gespeichert ist, nicht verändert werden kann. Sie sind daher darauf angewiesen, wie sicher und langfristig das Objekt, auf das er verweist, auf dem jeweiligen Server gespeichert ist. Sie kaufen also heute einen NFT für ein bestimmtes digitales Bild? Prima, Sie erwerben das, was Ihnen der NFT über den Smart Contract am Bild gestattet. Wenn jedoch der Server, auf dem das Bild liegt, übermorgen abgeschaltet wird: Pech gehabt.

Smart Contracts

Smart Contracts sind eine wesentliche Funktionalität auf der Ethereum-Blockchain (dazu später mehr). Smart Contract heißt übersetzt „schlauer Vertrag" oder „intelligenter Vertrag" und dabei handelt es sich, vereinfacht gesagt, um ein Programm, das auf der Ethereum-Blockchain gespeichert ist. Ein Smart Contract führt etwas aus, wenn ein Nutzer mit dem Smart Contract interagiert. Er ist quasi der Mittler zwischen zwei Parteien/Nutzern - so, wie ein Notar etwa der legale Mittler zwischen einem Hauskäufer und einem Hausverkäufer ist. Nur folgt der Smart Contract einer nicht änderbaren und manipulierbaren Logik: Wenn das passiert, dann tue dies. Jeglicher Mittler aus der realen Welt wird überflüssig, da der Smart Contract diese Rolle übernimmt. An dieser Stelle merken Sie vielleicht schon, wieso nicht alle Menschen, Organisationen und Institutionen auf dieser Welt von diesem Konzept begeistert sind. Dazu jedoch später mehr.

Dabei müssen Sie beachten, dass jede Vereinbarung ein Vertrag ist. Das Wort selbst klingt hochtrabend, doch wenn Sie mit jemandem etwas vereinbaren (mündlich oder schriftlich), dann kommt es zu einem Vertrag. Nehmen Sie das Beispiel, dass zwei Personen um 10 Euro wetten: Wer zuerst mit seinem Fahrrad ins Ziel kommt, gewinnt. Person A ist sich sicher, dass sie gewinnt, darum geht sie die Wette ein. Am Ende gewinnt jedoch Person B und Person A will nicht zahlen. Pech für Person B, denn sie vertraute darauf, dass Person A zahlen würde. Theoretisch könnte Person B nun vor Gericht ziehen und Person A verklagen, denn sie vereinbarten einen Vertrag. Doch welche Chancen dieser Fall vor Gericht hätte, sei dahingestellt. Hier kommt also das Thema des Vertrauens ins Spiel. Zwei Vertragspartner müssen sich immer vertrauen. Fehlt ihnen das Vertrauen, benötigen sie einen Mittler. Ein Smart Contract kann solch ein Mittler sein.

Hätte Person B darauf bestanden, dass die Vereinbarung durch einen Smart Contract auf der Ethereum-Blockchain ausgeführt führt, hätte dies folgendermaßen ausgesehen:

Person A und Person B legen einen Smart Contract an, dass derjenige, dessen Fahrrad zuerst die Ziellinie berührt, den Wettbetrag automatisch gutgeschrieben bekommt. Person B gewinnt, der Smart Contract wird automatisch ausgeführt und Person A hat keine Chance zu diskutieren. Die automatische Ausführung der Vereinbarung ist der große Vorteil von Smart Contracts. Sobald diese oder jene Vertragsbedingung erfüllt ist, wird der Smart Contract ausgeführt - da gibt es nichts daran zu rütteln. Ein weiteres Beispiel: Sie wollen, dass Ihr Kind mit 18 Jahren Zugriff auf alle Ether-Einlagen (die Einheit auf der Ethereum-Blockchain) einer bestimmten Wallet hat. Sie legen einen Smart Contract an, der nur dann erfüllt wird, sobald das Kind nachweist, dass es 18 Jahre alt ist. Vorher erhält es keinen Zugang. Der Smart Contract lässt sich somit nicht bezirzen oder beeinflussen.

Was hat dies nun mit Kryptowährungen zu tun? Bleiben wir bei der Ethereum-Blockchain: Smart Contracts selbst haben nichts mit dem Wert von Kryptowährungen zu tun. Doch Smart Contracts funktionieren auf Blockchains (normalerweise auf der Ethereum-Blockchain). Sind sie gekoppelt an eine bestimmte Zahlung, dann wird diese Zahlung in einer Kryptowährung erfolgen. Erst wenn diese Kryptowährung gezahlt wurde, wird der Smart

Contract ausgeführt. Dies ist auch andersherum möglich: Erst wenn etwas Bestimmtes passiert, wird durch den Smart Contract eine Zahlung in Form von Kryptowährungen ausgeführt. Sie möchten ein NFT kaufen (siehe entsprechendes Kapitel), dann ist der Smart Contract die Basis dafür, dass dieser NFT überhaupt existieren kann. NFTs werden gegen Kryptowährungen gehandelt. Merken Sie sich also: Der Smart Contract selbst hat nichts mit einer Kryptowährung zu tun. Sein Anwendungsbereich ist jedoch (derzeit) oft gekoppelt an Zahlungen und Transaktionen, die mit Kryptowährungen durchgeführt werden.

Öffentliche und private Schlüssel

Öffentliche und private Schlüssel sind essenzieller Bestandteil aller Transaktionen auf einer Blockchain. Die Schlüssel bestehen dabei aus einer sehr langen Zeichenfolge. Während die öffentlichen Schlüssel für jeden einsehbar sind, trifft dies nicht auf die privaten zu. Jeder Besitzer von Kryptowährungen tut gut daran, seine privaten Schlüssel nicht zu verlieren oder zu verraten. Um das gesamte System dahinter zu verstehen, wird es im Folgenden veranschaulicht:

Stellen Sie sich einen riesigen Schrank voller Schließfächer vor. Nicht der aus einer Bank, nein, ein gigantischer Schrank mit 2 hoch 160 Schließfächern. Das wären

1.461.501.637.330.902.918.203.684.832.716.283.019.655.932.542.976 Schließfächer. Ganz schön viele. Jedes Schließfach hat eine Nummer, einen Schlitz, um etwas einzuwerfen und lässt sich ausschließlich mit einem einzigen Schlüssel öffnen, der explizit zum Schließfach passt. Durch den Schlitz können Sie in jedes Fach schauen, um zu sehen, was sich darin befindet. Herausholen können Sie den Inhalt aber nicht.

Nun übertragen wir das Beispiel zum einfacheren Verständnis auf den Bitcoin. Die Anzahl an Schließfächern repräsentiert die Menge an Bitcoin-Adressen. Jede einzelne Adresse kann Bitcoin empfangen. Jede Adresse ist öffentlich bekannt und einsehbar. Jede Adresse repräsentiert den öffentlichen Schlüssel. Jemand, der Ihnen Bitcoin senden möchte, benötigt nur die Adresse (also Ihren öffentlichen Schlüssel) und kann an diese Adresse Bitcoin senden (darum benötigt das Schließfach/die Adresse den Einwurfschlitz). Im Prinzip ist dies mit Ihrer IBAN bei Ihrer Bank vergleichbar, da diese auch nur ein einziges Mal existiert. In das Schließfach hineinschauen kann jeder: Auch Sie können sich eine beliebige Bitcoin-Adresse suchen und schauen, wie viele Bitcoins sich darin befinden (so viel zum Thema Anonymität, doch dazu später mehr). Aber um an die Bitcoins zu kommen, benötigen Sie Ihren privaten Schlüssel. Ohne den geht es nicht. Wer diesen Schlüssel hat, hat Zugriff auf die Bitcoins.

So bildet sich der Preis bei Kryptowährungen

Der Preis bei Kryptowährungen bildet sich, Stablecoins ausgenommen (dazu mehr im entsprechenden Kapitel), durch das klassische Prinzip von Angebot und Nachfrage. Herrscht eine hohe Nachfrage bei geringerem Angebot, steigt der Preis. Ist das Angebot größer als die Nachfrage, fällt er. Es gibt keine Instanzen, die auf dezentrale Kryptowährungen Einfluss nehmen können. Kryptowährungen, die zentral gesteuert werden (etwa staatliche oder Token und Coins, die explizit von einem Unternehmen ausgegeben werden), können auch durch Mechanismen des Herausgebers gesteuert werden. Deren Preis kann dann (auch) davon abhängen, was sich der Herausgeber diesbezüglich einfallen lässt: so sorgte die FTX Pleite 2023 etwa dafür, dass der Kryptobörsen-eigene FTX Token wertlos wurde; die Handelsplattform Bitpanda hingegen sorgt bei ihrem BEST-Token regelmäßig dafür, dass eine bestimmte Anzahl dieser Token vernichtet werden und damit indirekt ebenfalls einen großen Einfluss auf den Kurs. Bei einer dezentralen Kryptowährung ist dies nicht der Fall, da es keinen Herausgeber gibt.

Auf den Handelsplätzen, auf denen Sie Kryptowährungen handeln können – also den Kryptobörsen – finden Käufer und Verkäufer ein Gleichgewicht bezüglich des Preises: Den aktuellen Kurs der jeweiligen Coins und Token – dieser wird übrigens sieben Tage in der Woche und 24 Stunden am Tag definiert: Anders als Aktien, können Sie also immer mit Kryptowährungen handeln, auch Sonntagnacht um 02:58 Uhr. Doch das ist nicht der einzige Grund, warum manche Währungen plötzlich extrem steigen oder fallen. Es existieren zusätzlich weitere Faktoren, die den jeweiligen Preis bestimmen. Dazu gehören, wie bei Aktien auch, sich ändernde Marktbedingungen: Staaten planen Kryptowährungen zu verbieten (was bei dezentralen Währungen ohnehin nicht geht – dort ließe sich maximal der offizielle Einsatz sowie der Handel mit den Währungen auf Kryptobörsen im jeweiligen Land verbieten), die Inflation steigt und die Bürger sind nicht mehr bereit in Kryptoprojekte zu investieren, Banken bieten sicherere Anlageformen und Menschen greifen auf diese zurück, Promis plaudern über ihre riesigen Investments in bestimmte Kryptoprojekte, ein Kryptoprojekt berichtet plötzlich von einem gigantischen technologischen Durchbruch, global relevante Unternehmen geben bekannt, dass sie mit bestimmten Kryptoprojekten eine Partnerschaft eingehen.

Es existieren also diverse externe Faktoren, die den Kurs von Coins und Token beeinflussen. Da dieser gesamte Markt noch sehr jung ist und sich keine Erfahrung einstellen konnte, sind die Kursschwankungen entsprechend hoch. Diese Volatilität wird in den nächsten Jahren und Jahrzehnten zurückgehen, denn dann haben mehr Menschen das Prinzip verstanden, die wirklich guten Projekte haben überlebt und die Kinderkrankheiten sind auskuriert.

Kryptowährungen als gesetzliches Zahlungsmittel

Im Jahr 2021 war El Salvador mit seinen etwas mehr als 6 Millionen Einwohnern das erste Land der Welt, das den Bitcoin als offizielles Zahlungsmittel im eigenen Land akzeptierte. Das mediale Echo war riesig, das Ergebnis der Einführung jedoch ernüchternd, da die Menschen in diesem Land ganz andere Probleme haben, als mit Bitcoin zu zahlen. Wie sich dieser Vorreiter diesbezüglich weiterentwickelt, werden die kommenden Jahre zeigen. Im Jahr 2022 folgte die Zentralafrikanische Republik mit ihren etwas mehr als 5 Millionen Einwohnern. CoinMarketCap (https://coinmarketcap.com/de/legal-tender-countries/) führt eine laufende Umfrage unter seinen Nutzern durch, welche Länder wohl künftig den Bitcoin als legales Zahlungsmittel akzeptieren werden. Paraguay und Venezuela stehen in der der Abstimmung weit vorn, wenngleich diese Länder noch keine Anstalten diesbezüglich machen.

In El Salvador sind alle Geschäfte, denen es technisch möglich ist, dazu verpflichtet, den Bitcoin als Zahlungsmittel zu akzeptieren. Die Regierung setzt diesen gesetzlichen Zwang gegen die Geschäfte, die nicht daran teilnehmen, bisher jedoch nicht um. Gleichzeitig investierte El Salvador in eine Bitcoin-Wallet namens Chivo. Jeder, der diese App herunterlud, erhielt 30 US-Dollar in Form von Bitcoin. Doch die Einwohner El Salvadors nutzen die App eher für Zahlungen in US-Dollar als für

Zahlungen mit Bitcoin. Der Crash am Kryptomarkt im Jahr 2022 führte zudem dazu, dass die Menschen in El Salvador geringes Vertrauen in dieses Experiment haben. Daher ist die Regierung bestrebt, weitere Anreize zu schaffen, um den Bitcoin nach und nach in den Alltag zu integrieren. Dies wird wahrscheinlich noch eine Weile dauern, doch zumindest sind die Grundsteine in El Salvador gelegt.

Die (potenziell politischen) Hintergründe für die Einführung von Bitcoin in der Zentralafrikanischen Republik und die Nutzung einer eigenen Kryptowährung, dem SANGO-Coin, sollen nicht Gegenstand dieser Lektüre sein. Inwiefern sich das Land in Afrika als Blaupause für die Einführung von Kryptowährungen als offizielles Zahlungsmittel eignet, wird die Zukunft zeigen. Fakt ist, dass andere Länder weltweit erst einmal beobachten werden, wie sich die Lage in El Salvador und der Zentralafrikanischen Republik bezüglich des Bitcoin entwickelt, bevor sie ebenfalls auf die Idee kommen, eine Kryptowährung – die nicht vom Staat selbst kontrolliert werden kann – als Zahlungsmittel einzuführen. Deutlich interessanter sind für die hiesigen Zentralbanken (und auch die aus anderen Ländern) staatliche Kryptowährungen.

Staatliche Kryptowährungen

Nicht allen Staaten befürworten es, wenn eine dezentrale Kryptowährung wie der Bitcoin zum offiziellen Zahlungsmittel wird. Einige Staaten möchten lieber die komplette

Kontrolle über das Finanzgebaren ihrer Bürger behalten oder zumindest ein Wörtchen mitreden (rein steuerlich gesehen). Vom Staat regulierte Kryptowährungen eignen sich perfekt dafür, die Finanzströme zu kontrollieren, um so die eigenen Bürger genauer unter die Lupe zu nehmen. Insofern ist es nicht verwunderlich, dass es bereits Staaten gibt, die auf eine eigens entwickelte Kryptowährung bauen, beispielsweise China. Dort ist der E-Yuan bereits ein Zahlungsmittel, das sich mehr und mehr entwickelt und immer breiter akzeptiert wird. Auch Venezuela arbeitet an der Petro-Währung. Dieser stellt jedoch weniger eine klassische Kryptowährung dar, da er (derzeit noch) an den Ölpreis gekoppelt ist. Er ist in seinem jetzigen Konzept eher als Stablecoin zu bezeichnen (dazu mehr in einem späteren Kapitel). Wie bereits erwähnt, nutzt die Zentralafrikanische Republik den SANGO-Coin. Der erlaubt es bereits heute eine Staatsbürgerschaft oder Land in dem Land zu kaufen (https://sango.org/). Anders sieht es in Schweden aus. Dort existiert bereits die E-Krona. Diese Kryptowährung ergänzt die bestehenden Zahlungsmittel, die in Schweden ohnehin hauptsächlich Bargeldlos sind. Auch hier ist es, wenn der Staat dies möchte, möglich, die eigenen Bürger und deren Finanzen zu kontrollieren. Inwiefern der schwedische Staat darauf Wert legt, ist offiziell nicht bekannt.

Auch ein digitaler Euro oder ein digitaler US-Dollar sind nicht in weiter Ferne, wenngleich diese Projekte derzeit noch in Prüfphasen stecken. Auf absehbare Zeit werden diese beiden digitalen Währungen also nicht am Markt handelbar sein. Doch der globale Einzug der dezentralen Kryptowährungen – und seiner (de)zentralen Altcoins (dazu später mehr) – führte dazu, dass mehr und mehr Zentralbanken über eigene Projekte nachdenken. Wieso also nicht auch die Europäische Union, die USA oder andere Länder dieser Welt? Inwiefern diese Währungen für die Bürger der jeweiligen Länder tatsächlich Vorteile bieten, steht auf einem anderen Blatt und soll an dieser Stelle nicht Teil der Lektüre sein.

Mit Kryptowährungen zahlen

Im deutschen Raum ist die Zahlung mit Kryptowährungen noch nicht verbreitet. Wenn überhaupt, dann ist anzunehmen, dass in wenigen hippen Shops maximal der Bitcoin akzeptiert wird. Studien darüber, wie die Zahlungsmöglichkeiten diesbezüglich in Deutschland sind, wurden bisher nicht in größerem Umfang durchgeführt. Dies mag unterschiedliche Gründe haben: eine generelle Technikskepsis, Angst vor Datenmissbrauch, das negative Image, das Bitcoin und Co in Deutschland innehaben oder andere. Fakt ist jedoch, dass weltweit einige Unternehmen existieren, die Zahlungen in Form von Bitcoin akzeptieren. Microsoft erlaubt beispielsweise die Zahlung digitaler Produkte in Bitcoin schon seit 2014. PayPal unterstützt in ausgewählten Ländern, dass mit Bitcoin, Bitcoin Cash oder Litecoin gezahlt werden kann. Das Auktionshaus Sotheby's akzeptiert Zahlungen in Bitcoin und Ethereum. Auch Expedia, WordPress, Lush oder NordVPN akzeptieren Zahlungen mit Bitcoin und Co.

Die Liste der Unternehmen, die Kryptowährungen akzeptieren, wird zunehmend länger und länger. Es ist nur eine Frage der Zeit, bis weitere Unternehmen dazukommen. Im normalen Alltag jedoch, beim Kaffeekauf, im Supermarkt oder an der Tankstelle, hat die Zahlung mit digitalen Währungen noch keinen Einzug gehalten. Doch auch hier ist es nur eine Frage der Zeit, bis Anbieter Konzepte entwickeln, um mit Kryptowährungen zu zahlen. Aktuelle Zahlungsvorgänge funktionieren nur durch das manuelle Senden von Kryptowährungen (dazu später mehr), was derzeit für Käufer noch mehr oder weniger umständlich ist. Zumindest ist es umständlicher, als die EC-Karte an ein Terminal zu halten. Daher sind andere Zahlungsmethoden wesentlich schneller und leichter durchzuführen. Sobald jedoch Konzepte entwickelt werden, um genauso schnell mit Kryptowährungen zu zahlen wie derzeit mit PayPal, EC-Karte, Kreditkarte oder dem einfachen Lastschriftverfahren, desto höher ist die Wahrscheinlichkeit, dass die Akzeptanz unter den Käufern steigt. Einige Anbieter bieten bereits Karten an, die wie eine EC-Karte funktionieren: Die Zahlung erfolgt in einer Fiatwährung und die Abbuchung erfolgt (umgerechnet) vom Kryptokonto. Viel Aufmerksamkeit liegt hier zusätzlich auf der einfachen Zahlung mit dem Handy. Hierfür existieren bereits Konzepte, wie etwa der im Messenger Signal integrierte MobileCoin. So lassen sich Kleinstbeträge für Kaffee und Co bequem und einfach per Messenger bezahlen. Viele derartige Konzepte stecken jedoch noch in den Kinderschuhen.

Unter den Verkäufern müssen spezielle buchhalterische Aspekte berücksichtigt werden, für die es derzeit noch keine stringenten Konzepte gibt. Auch steuerliche Angelegenheiten sind noch nicht gänzlich geklärt, sodass viele Unternehmen sich davor scheuen, Kryptowährungen als Zahlungsmittel zu akzeptieren. Wie werden etwa Gewinne aus Kursanstiegen oder Verluste aus Kursabfällen berücksichtigt? Sind diese Handling-Probleme erst einmal gelöst, fallen Hürden für die Zahlung mit Kryptowährungen.

Ein weiterer wichtiger Aspekt hierbei wird sein, dass die Volatilität der Währungen sinkt. Je größer die Kurssprünge sind, desto riskanter ist es für Händler und Verbraucher, Zahlungen in Kryptowährungen zu akzeptieren. Ist eine derartige Währung heute noch X Euro wert, kann sie morgen schon doppelt so viel oder halb so viel wert sein. Dieses Risiko müssen beide Seiten berücksichtigen: Verkäufer und Käufer. Unsere Gesellschaft ist es gewohnt, den (psychologischen) Wert eines Euro genau zu bestimmen. Doch der Wert eines Bitcoins ist in den Köpfen der Menschen nicht verankert. Dies liegt an der Volatilität und am fehlenden Wissen um Bitcoin und Co.

Schlussendlich muss viel Energie in Bildung und Information rund um Blockchain, Krypto und Co gesteckt werden. Die Technologie und das gesamte Konzept der digitalen Währung ist vielen Menschen ein Buch mit sieben Siegeln. Dazu ist alles auch noch zu neu. Lesen Sie diese Lektüre in 30 oder 40 Jahren, werden Sie vielleicht über derartige

Aussagen lachen. Denken Sie einfach nur zurück, seit wann es das Internet in der breiten Öffentlichkeit gibt (1989) und seit wann das erste Smartphone (2007). Diese Technologien waren Game-Changer, die heute nicht mehr wegzudenken sind – Kinderkrankheiten hatten sie dabei alle. Erst wenn in der breiten Gesellschaft das Wissen dazu vorliegt, steigt die Akzeptanz, Kryptowährungen völlig selbstverständlich als Zahlungsmittel zu nutzen.

Exkurs: Kryptowährungen und Anonymität

Kryptowährungen sind nicht per se anonym. Der in der Öffentlichkeit oft als anonym dargestellte Bitcoin ist es nicht. Er ist pseudonym (dazu im entsprechenden Kapitel mehr). Anonyme Kryptowährungen sind nur sogenannte Privacy-Coins. Diese sind eine Art der Kryptowährungen, bei denen der Besitz der Coins nicht (oder nur schwer) rückverfolgbar ist. Sie haben das Ziel, dass Kryptowährungen ähnlich fungibel, also austauschbar, sind wie Banknoten. Ob Sie nun diesen oder jenen 5-Euro-Schein in der Hand halten, ist egal. Beide Scheine sind gleich viel wert und woher welcher Schein kommt, spielt erstens keine Rolle und ist zweitens nicht mehr nachvollziehbar. Bei pseudonymen Kryptowährungen ist der Weg, den die Währung nahm, nachvollziehbar. Bei anonymen Währungen nicht mehr. Anonyme Kryptowährungen sind beispielsweise DASH (Digitales Cash), das als Weiterentwicklung von Bitcoin zu sehen ist. XMR (Monero) ist ebenfalls anonym und auch ZEC (ZCash) ist eine anonyme Kryptowährung. Sie sollten also sehr genau darauf achten, welche Währung tatsächlich anonym ist und nicht blind vertrauen, wenn Ihnen ein Finanzberater etwas erzählt oder diese oder jene Online-Werbung etwas impliziert. Anonymität ist kein Standard in der Kryptowelt!

Eine andere Möglichkeit, um Transaktionen nicht mehr (oder nur sehr schwer) nachverfolgbar zu machen, sind sogenannte Tumbler oder Mixer. Dabei handelt es sich um Dienste, die verschiedene Kryptowährungen, die nicht anonym sind (etwa Bitcoin oder Ether) miteinander mischen. Inhaber dieser Währungen überweisen sie an den Dienst. Der vermischt die Coins mit denen anderer Nutzer und überweist diese gemischten Coins wieder zurück. Die Verbindung zwischen den vorherigen Transaktionen ist schlussendlich nicht mehr nachvollziehbar. Das hat den Vorteil, dass Coins, die etwa aus unlauteren Quellen stammen, vermischt werden mit Coins, die aus lauteren Quellen stammen und so nicht mehr nachvollziehbar ist, wo die Coins aus den unlauteren Quellen gelandet sind. Derartige Dienste sind jedoch in einer Grauzone tätig – wie Sie sich denken können, wenn Sie diese Zeilen lesen – da sie nicht selten genutzt werden, um illegalen Aktivitäten nachzugehen. Diese Dienste geraten deshalb nicht selten auf staatliche Sanktionslisten. Bekannte Dienste waren beispielsweise Tornado Cash sowie Blender.io.

Exkurs: Kryptowährungen, DeFi und der Umbruch

DeFi steht für dezentrale Finanzen - also Finanzen, die nicht von einer Institution oder einem Staat gelenkt werden können. Dazu zählt etwa der Bitcoin oder auch Ether aus dem Ethereum-Netzwerk. Ein Hauptaspekt von DeFi ist, dass das derzeitige Finanzsystem überflüssig wird. Es werden keine Banken für Finanztransaktionen mehr benötigt. Auch Zentralbanken werden hinfällig. Das gefällt diesen natürlich nicht, denn DeFi sorgt dafür, dass das derzeitige System obsolet wird. Banken würden kein Geld mehr verdienen und Gesellschaften wären nicht mehr abhängig von ihnen. Aus diesem Grund ist die (reale) Gefahr groß, dass dieser Umbruch im Zahlungssystem von allen Seiten torpediert wird. Sie selbst erleben das daran, dass in der öffentlichen Wahrnehmung an vielen Stellen aufrechterhalten wird, wie „böse" und „gefährlich" Kryptowährungen sind. Eine rationale Debatte darüber findet in den Mainstream-Medien und in Social-Media-Netzwerken nicht oder nur selten statt. Sie müssen tief graben, um neutrale Berichte über Kryptowährungen in Kombination mit dem derzeitigen Finanzsystem zu finden. Dort würden Sie derartige Sätze wie „Der Bitcoin ist nur dazu da, um illegale Geschäfte abzuwickeln. In Kryptowährungen zu investieren, gleicht einer Kamikaze-Aktion. Alles muss reguliert werden." nicht finden.

Achten Sie einmal auf eine solche Darstellung und betrachten Sie gleichermaßen, wie oft positiv (oder zumindest neutral) darüber berichtet wird – außerhalb der Krypto-Bubble. Folgen Sie der Regulierungswut von Zentralbanken (allen voran die US-amerikanisch FED), stellen Sie fest, dass eine enorme Angst vor DeFi existiert. Das ist natürlich auch verständlich, denn dieses System wirft alles über den Haufen, was für Banken überlebenswichtig ist.

Krypto-Slang

In der Welt der Kryptowährungen gibt es einige Begriffe, die Ihnen immer wieder über den Weg laufen werden. Je tiefer Sie einsteigen und je mehr Sie in der Krypto-Community aktiv sind, desto eher kommen Sie mit den Begriffen in Kontakt. Wenn Sie frühzeitig mitreden möchten, sollte Ihnen klar sein, was HODL, FUD, Rekt, To the Moon, Stacking Sats und Whale bedeuten.

HODL

HODL kommt von HOLD und wurde nur falsch geschrieben. HOLD bedeutet „behalten". Der Nutzer GameKyuubi schrieb im Jahr 2013 in einem Bitcoin-Forum „I AM HODLING". Er meinte damit, dass er seine Bitcoins halten wird, egal, wie schlecht sich der Markt entwickeln würde. Falsch schrieb er das nur, weil er ein paar Bier intus hatte. Bis heute hält sich dieser Begriff in Zeiten, in denen es gar nicht rosig aussieht für Bitcoin und Co. Wenn der Markt mal wieder zusammenbricht, die Kurse purzeln und alles scheinbar nur bergab geht, dann sollten Anleger nicht verkaufen, sondern diese Zeit durchstehen (wie übrigens an der Börse auch - insofern ist diese Weisheit nichts Krypto-spezifisches, sondern eine alte Börsenweisheit in neuem Gewand). Wenn also jemand davon spricht, dass er oder sie HODLt (oder HODLd oder HODLed), meinen diese Personen, dass sie ihre Kryptowährungen nicht verkaufen, sondern halten.

FUD

FUD steht für Fear, Uncertainty and Doubt. Das bedeutet so viel wie Angst, Unsicherheit und Zweifel. Immer dann, wenn der Kryptomarkt nach unten geht, die Nachrichten in den öffentlichen Medien wieder gegen die Kryptowelt sprechen und Menschen um ihr Vermögen fürchten, haben sie FUD. Lassen Sie sich davon nicht unterkriegen: In Zeiten von FUD sollten Sie unbedingt HODLn.

Rekt

Der Begriff stammt vom englischen Wort „wrecked", was so viel bedeutet wie ruiniert. Immer dann, wenn ein Anleger einen schlechten Trade machte, ist er rekt. Er könnte jede Menge Coins verloren haben, weil er in die falschen Altcoins investierte (siehe weiter unten) oder seine Bitcoins ausgerechnet kurz vor einem raketenhaften Anstieg verkaufte. Damit Sie nicht rekt sind, sollten Sie im Falle von FUD unbedingt HODLn.

To the Moon

Die Übersetzung sagt schon alles: bis zum Mond. Immer dann, wenn der Wert einer Kryptowährung in kurzer Zeit massiv ansteigt, geht er scheinbar bis zum Mond. In der Kryptowelt finden Sie diesen Begriff häufig, wenn sich der Markt nach einem Crash wieder erholt. Auch wenn Prominente positiv über eine bestimmte Kryptowährung sprechen oder in den Medien (zur Abwechslung) mal etwas Positives über das ein oder andere Projekt zu lesen ist, schreiben Krypto-Anhänger gern von to the moon. HODLn Sie also lange genug und lassen Sie nicht FUD regieren, sind Sie sicher nicht rekt, sondern Ihre Investition geht to the moon.

Stacking Sats

Heutzutage kaufen Sie in den seltensten Fällen einen ganzen Bitcoin. Sie werden wohl eher Teile davon kaufen, die sogenannten Satoshi (siehe Kapitel über Bitcoin). Stacking Sats heißt übersetzt „Sats stapeln". Sat wiederum ist die Abkürzung für Satoshi. Sie stapeln also Satoshi, was so viel heißt wie, dass Sie immer wieder kleine Mengen Satoshi kaufen und diese anhäufen, solange bis Sie (hoffentlich) einen ganzen Bitcoin (oder mehr) zusammen haben. Wenn Sie regelmäßig Sats stacken, kann es gut sein, dass Ihre Investition to the moon geht, außer Sie lassen FUD zu und HODLn nicht – dann sind Sie rekt.

Whale

Whale ist das englische Wort für Wal. Darunter versteht sich in der Kryptowelt jemand, der eine große Menge einer Kryptowährung (meist Bitcoins) hält. Wenn dieser Wal beginnt, seine Währungen zu kaufen oder zu verkaufen, wirkt sich das auf den Preis aus. Wale sind normalerweise keine einzelnen Personen, sondern Unternehmen. Wenn Sie also regelmäßig Sats stacken, kann es sein, dass Sie irgendwann der whale sind. Außer Sie HODLn nicht und ... nun ... den Rest kennen Sie.

KAPITEL 5

Aufbewahrung

Münzen und Geldscheine bewahren Sie in Ihrem Geldbeutel auf. Geld auf Ihrem Konto bewahren Sie - wie der Name schon sagt - auf Ihrem Bankkonto auf. Edelmetalle bewahren Sie (hoffentlich) in einem Tresor auf. Aktien bewahren Sie in Ihrem Depot auf. Kryptowährungen bewahren Sie entweder in Ihrem Portfolio (bei einer Kryptobörse) oder idealerweise in einem Wallet auf. Tatsächlich ist dies ein englisches Wort und bedeutet übersetzt Geldbörse. Übrigens ist nicht ganz klar, ob es der, die oder das Wallet heißt, da das Wort kein ursprünglich deutsches Wort ist, aber wie eines genutzt wird. Wir bleiben der Einfachheit halber bei "das Wallet". Sie benötigen ein solches Wallet, um Ihre Kryptowährungen aufzubewahren, mit ihnen zu zahlen oder bezahlt zu werden.

Dieses Wallet bewahrt Ihre Kryptowährungen jedoch nicht physisch auf. Vielmehr speichern Sie im Wallet den öffentlichen und privaten Schlüssel für Ihre Krypto-Transaktionen. Das heißt, dass Sie in Ihrem Wallet (vereinfacht ausgedrückt) einen Verweis auf Ihren Besitz an einer bestimmten Kryptowährung in der jeweiligen

Blockchain speichern. Immer, wenn Sie auf Ihr Wallet zugreifen, werden diese Verweise aufgerufen und Ihnen in Form Ihrer Kryptowährungen angezeigt. Einige Wallets bieten darüber hinaus weitere Funktionen. So können Sie etwa Informationen signieren. Das ist dann interessant, wenn Sie Smart Contracts auslösen wollen, Kryptowährungen an jemanden senden wollen, sich identifizieren möchten oder ein Dokument rechtlich bindend unterzeichnen wollen. Schlussendlich werden diese Prozesse jedoch immer in die Blockchain des jeweiligen Kryptoprojektes geschrieben und Ihr Wallet speichert den Verweis darauf.

Es existieren zwei Kategorien an Wallets: Hot und Cold Wallets. Innerhalb dieser Kategorien existieren wiederum drei Arten von Wallets: Software/Web Wallets, Hardware Wallets und Paper Wallets. Die letzten beiden Wallets (Hardware und Paper) zählen zu den Cold Wallets. Software/Web Wallets zählen zu den Hot Wallets. Cold Wallets verbinden sich nicht mit dem Internet und sind physisch vorhanden (in Form eines Stücks Papier oder als etwas, das ein wenig so aussieht wie ein USB-Stick – dazu jedoch später mehr).

Cold Wallets sind die sichersten Wallets. Vergleichen Sie sie mit einem Geldbeutel, den Sie in einem Tresor aufbewahren – da kommt niemand so schnell ran. Hot Wallets hingegen sind mit dem Internet verbunden. Das macht sie anfällig für Hacker-Angriffe. Gleichzeitig sind sie jedoch extrem flexibel. Dank Hot Wallets können Sie (theoretisch) Ihren Kaffee sofort bezahlen, problemlos Transaktionen tätigen und schnell Ihre Kryptowährungen kaufen und verkaufen. Vergleichen Sie Hot Wallets am besten mit Ihrem Online-Bankkonto - im Nu können Sie mit dem darauf befindlichen Geld machen, was Sie wollen.

Software und Web Wallet

Gerade für die ersten Gehversuche mit Kryptowährungen eignen sich Software und Web Wallets. Im Prinzip sind Web Wallets nichts anders als Kryptobörsen (diese werden im nächsten Kapitel genauer betrachtet). Auf den Kryptobörsen handeln Sie mit Kryptowährungen und bewahren Ihre eingekauften Währungen auf. Vergleichen Sie eine Kryptobörse mit einem normalen Aktiendepot, in welchem Sie Aktien kaufen und verkaufen. Diese Kryptobörsen bieten häufig zusätzlich eine App, die Sie auf Ihrem PC oder Ihrem Handy installieren. Diese App repräsentiert dann Ihr Software Wallet. Sie öffnen die App und haben Zugriff auf Ihre Kryptowährungen. Es existieren zudem noch Software Wallets, die unabhängig von einer Kryptobörse sind. Das Prinzip dahinter ist, dass Sie Kryptowährungen auf einer Kryptobörse einkaufen und die Währung anschließend zu Ihrem Software Wallet senden. Dort bewahren Sie die Coins und Token dann auf, bis Sie sie an jemand anderen senden. Dies kann eine Person sein oder wieder eine Kryptobörse, über die Sie Ihre Coins und Token dann wieder verkaufen.

Der große Vorteil von Web Wallets ist, dass Sie schnell und einfach Kryptowährungen kaufen und verkaufen können. Gleichzeitig können Sie Kryptowährungen senden und empfangen. Ein an ein Web Wallet gekoppeltes Software Wallet in Form einer App hat dieselben Funktionen. Ist das Software Wallet nicht an ein Web Wallet gekoppelt, können Sie nur schnell und einfach Kryptowährungen senden und empfangen, jedoch nicht kaufen und verkaufen. Der große Nachteil ist, dass diese Wallets anfällig sind für Hacker, denn Sie funktionieren nur, wenn sie einen Internetzugriff haben.

Hacker greifen Web Wallets oder Software Wallets an und versuchen die Guthaben der Kunden eines solchen Wallets zu stehlen (wobei sie genau genommen nicht das Guthaben stehlen, sondern die Schlüssel, die auf das Guthaben verweisen). Verwahren Sie Ihre Kryptowährungen ausschließlich im Web Wallet auf, müssen Sie sich darauf verlassen, dass der Anbieter alle relevanten Sicherheitsmaßnahmen einhält. Sie haben prinzipiell jedoch keinen Einfluss darauf, wenn jemand den Anbieter durch ein Schlupfloch angreift und sich an Ihrem Guthaben (den Schlüsseln) bedient.

Nutzen Sie ein Software Wallet, müssen Sie selbst für Sicherheit sorgen. Das Software Wallet ist auf Ihrem Endgerät (Handy oder PC) installiert: öffnen Sie jede Mail, die Sie erhalten, ohne darüber nachzudenken, haben Sie vielleicht irgendwann ein Problem, wenn Sie sich Malware einfangen, die Ihr Wallet angreift. Gleiches gilt für

Phishing-Versuche, um an Ihre Passwörter für das Wallet zu kommen, wenn Sie jede beliebige andere App installieren oder Ihr Software Wallet nicht updaten. Im Prinzip gelten hier die üblichen Sicherheitsregeln wie für alle anderen Programme auf Ihrem Handy oder PC auch. Hier sind Sie selbst der größte Unsicherheitsfaktor.

Zusammengefasst: Nutzen Sie ein Web Wallet in Form einer Kryptobörse, um Kryptowährungen zu kaufen und zu verkaufen. Nutzen Sie ein Software Wallet, um die Gefahr zu minimieren, dass Hacker den Anbieter des Web Wallets angreifen (oder das der Anbieter schlicht und ergreifend pleitegeht, insolvent wird oder still und heimlich verschwindet) und Sie Ihr Guthaben verlieren. Nutzen Sie derartige Wallets dann, wenn Sie oft mit Ihren Kryptowährungen zahlen wollen und sie nicht als langfristige Geldanlage sehen.

Bekannte Software und Web Wallets sind Atomic Wallet, Exodus Wallet, Electrum, Binance, Coinbase, eToro, Kraken, Bitpanda, Nuri oder Lumi.

Hardware Wallet

Ein Hardware Wallet sieht oft ähnlich aus wie ein USB-Stick. Sie stecken Ihr Hardware Wallet auch für gewöhnlich in den USB-Port Ihres Computers. Das tun Sie dann, wenn Sie entweder Kryptowährungen empfangen oder versenden möchten. Ansonsten liegt Ihr Hardware Wallet hoffentlich an einem sicheren Ort in Ihrem Haus oder Ihrer Wohnung. Dadurch ist ein solches Wallet nur dann mit dem Internet verbunden, wenn Sie es in einen Computer mit Internetzugang stecken. Solange Sie das Hardware Wallet nicht dauerhaft an Ihrem Computer angeschlossen lassen, können Hacker nicht darauf zugreifen. Einige Hardware Wallets verbinden sich selbst sogar niemals mit dem Internet. Sie greifen dann über QR-Codes oder einem Touchscreen auf dem jeweiligen Wallet auf Ihr Guthaben zu.

Nachdem Sie das Hardware Wallet in den USB-Port Ihres Computers gesteckt haben, öffnet sich für gewöhnlich eine App, die als Bindeglied zwischen dem Hardware Wallet und den jeweiligen Blockchains dient. Sie müssen sich normalerweise gegenüber Ihrem Hardware Wallet authentifizieren (Passwort, Fingerabdruck etc.) und haben dann erst Zugriff darauf. Einige Hardware Wallets lassen lediglich bestimmte Kryptowährungen zu. So können Sie auf einer bestimmten Version der BitBox (vom Hersteller ShiftCrypto) etwa ausschließlich Bitcoin verwalten. Der Vorteil dessen ist, dass der gesamte technische Aufbau und die Verbindung zur Bitcoin-Blockchain extrem simpel und weniger fehleranfällig sind – kein zusätzlicher Schnickschnack, keine besonderen Features, keine komplexe Firmware.

Viele Hersteller von Hardware Wallets bieten zusätzlich weitere Produkte an. Dazu zählen microSD-Karten, auf denen Sie ein Backup Ihres Hardware Wallets machen können für den Fall, dass Sie es verlieren. Für Ihre Seed Words (mehr dazu im Kapitel über die Sicherheit von

Wallets) bieten viele Hersteller Metallplatten, in die Sie diese Wörter einstanzen oder einritzen. Diese existieren auch dann noch, wenn Ihr Wallet durch Feuer, Wasser oder einen Elektronikschaden physisch zerstört wird.

Zusammengefasst: Nutzen Sie Hardware Wallets, wenn Sie Ihre Kryptowährungen sicher aufbewahren wollen und Sie nicht ständig Zugriff benötigen. Sie verlieren Ihr Guthaben nur, wenn Sie Ihr Hardware Wallet verlieren oder jemand Zugriff darauf hat, der gleichzeitig das Passwort für das Hardware Wallet kennt. Sorgen Sie für zusätzliche Sicherheit, indem Sie eine Metallplatte des jeweiligen Herstellers kaufen, um im Fall der Fälle auf Ihr Guthaben zugreifen zu können (mehr dazu etwas weiter unten).

Bekannte Hardware Wallets stammen von Ledger (Nano), Trezor (Model), Arculus (Key Card), NGRAVE (ZERO), Ellipal (Titan), ShapeShift (KeepKey), ShiftCrypto (BitBox).

Paper Wallet

Paper Wallets sind nichts anderes als ein Stück Papier. Lange bevor Kryptowährungen populär waren, waren sie das Maß der Dinge für die sichere Aufbewahrung des eigenen Guthabens. Sie tun auch heute noch ihren Dienst, sind jedoch etwas aus der Mode gekommen. Auf dem Stück Papier befinden sich normalerweise Ihre ausgedruckten öffentlichen und privaten Schlüssel sowie QR-Codes, die auf Ihre Kryptotransaktionen verweisen. Einige Apps generieren auch Barcodes, die Sie scannen können. Sobald Sie sich entscheiden, Ihre Schlüssel auszudrucken, werden sie aus dem Netzwerk Ihrer Software Wallet entfernt: Ihre Coins und Token bleiben erhalten. Sobald Sie dann jedoch Ihr Stück Papier verlieren, ist auch Ihr Guthaben verloren. Um ein Paper Wallet zu erstellen, benötigen Sie einen Paper Wallet Generator.

Paper Wallets sind genauso sicher wie Hardware Wallets (wenn nicht sogar noch sicherer, da wirklich gar keine Technik mehr dahintersteckt). Gleichzeitig kann jedoch die Tinte verblassen, das Papier zerreißen, Wasser darüber laufen, es durch Feuer zerstört werden, wegfliegen usw. Die Chance, dass Ihr heutiges Paper Wallet in zehn, zwanzig oder dreißig Jahren noch so lesbar ist, wie jetzt, ist nicht unbedingt hoch – es sei denn, Sie laminieren es oder sichern es auf andere Art.

Wenn Sie sich für ein Paper Wallet entscheiden, achten Sie darauf, dass das Gerät, mit dem Sie es erstellen und drucken, nicht mit Viren oder sonstiger Malware infiziert ist. Es reicht schon eine Malware, die unbemerkt Fotos Ihres Bildschirms kurz vor dem Drucken Ihres Paper Wallets macht und schon ist Ihr Guthaben eventuell in den falschen Händen, da Ihre Schlüssel nun bekannt sind. Daher sollten die Geräte, auf denen Sie Ihr Paper Wallet erstellen und drucken, zudem weder WLAN noch Bluetooth eingeschaltet haben, um Hackern keine zusätzliche Angriffsoption zu bieten. Ideal ist, wenn Sie etwa Ihr Handy in den Flugmodus versetzen, um das Paper Wallet zu generieren oder den Druck am Drucker physisch über ein Kabel durchführen und nicht über WLAN oder Bluetooth.

Speichern Sie zudem keine digitalen Bilder der Paper Wallets. Achten Sie darauf, dass Ihr Drucker eine hohe Druckqualität hat. Nutzen Sie Papier, das eine hohe Qualität hat und langlebig ist. Nutzen Sie keine Netzwerkdrucker. Bewahren Sie Ihr Paper Wallet an einem sicheren Ort auf, der vor allem wasserdicht ist. Hier bieten sich Bankschließfächer an oder ein hochwertiger Tresor.

Zusammengefasst: Nutzen Sie Paper Wallets, wenn Sie - wie bei Hardware Wallets - Ihre Kryptowährungen sicher aufbewahren wollen und nicht ständig Zugriff benötigen. Seien Sie sich bewusst, dass Paper Wallets gestohlen oder auch physisch zerstört werden können durch Feuer, Wasser, Witterung, Alter etc. Wenn Sie keinen wirklich triftigen Grund haben für ein Paper Wallet: Lassen Sie es bleiben und nutzen Sie lieber ein Hardware Wallet.

Bekannte Online Paper Wallet Generatoren sind WalletGenerator.net oder bitaddress.org. Eine bekannte App ist Bitcoin Paper Wallet.

Sicherheitsaspekte von Wallets

Hacker sind an Kryptowährungen besonders interessiert. Sicherheit ist daher ein essenzielles Thema. Je weniger Möglichkeiten Sie Hackern bieten, auf Ihre Kryptowährungen zuzugreifen, umso besser. Daher lohnt es sich immer über Hardware Wallets nachzudenken und Web oder Software Wallets nur für den täglichen Bedarf zu nutzen, nicht aber, um Kryptowährungen langfristig aufzubewahren.

Das Wichtigste bei allen Wallets sind jedoch Ihre privaten Schlüssel. Diese erlauben den Zugriff auf Ihre Kryptowährungen. Haben Sie diese Schlüssel vergessen, verlieren Sie Ihr Guthaben und haben keine Chance mehr, dieses zurückzuerhalten. Daher sind diese Schlüssel in der Wallet gespeichert. Verlieren Sie den Zugriff auf Ihr Wallet, helfen Ihnen die Seed Words weiter, diesen Zugriff zurückzuerlangen. Vergleichen Sie die privaten Schlüssel mit dem Geheimcode für einen Tresor, in dem all Ihre Wertsachen verwahrt sind. Der Tresor besteht jedoch aus meterdicken Panzer-, Granaten- und Atombomben-sicheren Stahlwänden. Selbst wenn Sie Ihre privaten Schlüssel nicht vergessen sollten, denken Sie daran, dass jeder, der diese Schlüssel kennt, Zugriff auf Ihr Guthaben hat.

Unabhängig von den Schlüsseln sollten Sie zudem den Zugriff auf jegliches Wallet so schwierig wie möglich gestalten. Gängig ist eine Zwei-Faktor-Authentifizierung. Das Mindeste für ein Hardware Wallet ist jedoch ein gutes Passwort. Bevor Sie sich für ein Web/Software oder Hardware Wallet entscheiden, sollten Sie sich eingehend informieren. Gab es schon bekannte Datenlecks? Gab es irgendwelche News darüber, dass Sicherheitsaspekte seitens der Hersteller missachtet wurden? Gab es bekannte und erfolgreiche Hacks?

Zu guter Letzt kommen die sogenannten Seed Words – oder auch Recovery Phrase genannt – ins Spiel. Verlieren Sie Ihr Hardware Wallet, wird es gestohlen oder haben Sie

– aus welchen Gründen auch immer – keinen Zugriff mehr darauf, helfen Ihnen Seed Words. Auch wenn Sie den Zugriff auf Ihr Software Wallet verlieren, helfen sie. Die Seed Words haben nichts zu tun mit den privaten Schlüsseln. Seed Words erlauben Zugriff auf Ihr Wallet, für den Fall, dass Sie nicht mehr darauf zugreifen können. Private Schlüssel hingegen beziehen sich immer nur auf eine Blockchain. Seed Words sind zwölf (scheinbar willkürlich) aneinandergereihte Wörter. Das kann dann so aussehen: sample shirt airport road ... Diese Seed Words sind essenziell und Sie sollten Sie an einem sicheren Ort aufbewahren. Aus den Seed Words lassen sich nämlich auch die privaten Schlüssel (die wir weiter oben erklärt haben) ableiten. Zur absolut sicheren Aufbewahrung bieten viele Hersteller Metallplatten an, in die Sie Seed Words einstanzen oder ritzen und die normalerweise auch Feuer und Wasser standhalten. Solange Sie im Besitz der Seed Words sind, können Sie immer auf Ihr Wallet zugreifen.

KAPITEL 6

Kryptobörsen

Damit Sie überhaupt Kryptowährungen kaufen und verkaufen können, benötigen Sie ein Konto bei einer Kryptobörse. Derartige Börsen gibt es unzählige und im letzten Kapitel dieser Lektüre erfahren Sie auch, dass es nicht jede Kryptobörse gut mit Ihnen meint. Seien Sie also auf der Hut, bei welcher Kryptobörse Sie sich anmelden. Die größten und bekanntesten Kryptobörsen sind Binance, Coinbase und Kraken. Es gibt jedoch noch unzählige weitere.

Die Geschichte der Kryptobörsen geht zurück auf die erste Transaktion von Kryptowährungen. Sie fand zwischen Satoshi Nakamoto (mehr dazu im Kapitel über Bitcoin) und Hal Finney statt. Dieser ist einer der ersten Aktivisten im Kryptobereich. Beide transferierten Bitcoin untereinander. Nachdem der Bitcoin einen ersten offiziellen Wechselkurs zum US-Dollar erhielt, begannen Kryptobörsen den Handel mit Kryptowährungen zu ermöglichen. Seitdem kamen und gingen jede Menge Börsen - mal mit und mal ohne das Geld ihrer Anleger. Allein in der EU erhielten diverse Kryptobörsen entsprechenden

Lizenzen, ohne dass diese geprüft wurden. Mittlerweile ist der EU klar geworden, dass die Börsen strengeren Richtlinien folgen müssen. Im Jahr 2018 sorgte die US-amerikanische Börsenaufsicht SEC dafür, dass sich Kryptobörsen dort registrieren lassen müssen. In mehr und mehr Länder müssen Kryptobörsen nun stärkeren Regularien folgen, sodass nicht mehr so viel Schindluder betrieben werden kann, wie es einst der Fall war. Viele Börsen kommunizieren diese Regulierung mittlerweile auch offiziell nach außen, um das Vertrauen der Anleger zu gewinnen. Dennoch ist das für Sie – als Anleger – noch immer kein Schutz, nicht an ein schwarzes Schaf zu geraten. Leider müssen Sie in diesem Bereich (derzeit noch) sehr gut recherchieren, bevor Sie Ihr Geld einfach irgendwohin überweisen. Diese Recherche hätte Ihnen jedoch auch im spektakulären Niedergang der gigantischen Kryptobörse FTX nichts gebracht. Die Börse war wohl eine der vertrauenswürdigsten … bis zu dem Tag, an dem klar wurde, dass Gelder der Anleger veruntreut wurden.

Funktionsweise von Kryptobörsen

Um Kryptowährungen kaufen und verkaufen zu können, registrieren Sie sich bei der Kryptobörse Ihrer Wahl und loggen sich anschließend dort ein. Für die Registrierung müssen Sie (normalerweise) einen Ausweis bereithalten oder sich über ein Ident-Verfahren ausweisen können. Sie können nach der Freischaltung sofort starten und sich Kryptowährungen kaufen. Sie können sich aber auch selbst geminte Kryptowährungen (siehe entsprechendes

Kapitel) oder Kryptowährungen von anderen Nutzern an die Börse senden lassen. Sie fungiert dann als Web Wallet (siehe entsprechendes Kapitel). Viele Börsen bieten zusätzlich noch ein Software Wallet an - hier müssen Sie die einzelnen Services der Börse genau betrachten. Die Kryptowährungen, die Sie dann in Ihrem Portfolio auf der Kryptobörse besitzen, können Sie entweder weiter verwenden (an Ihre Wallet schicken, etwas damit bezahlen oder sie an eine andere Wallet einer bekannten Person schicken) oder Sie lassen sich Ihre Coins und Token gegen Fiatgeld auszahlen. Dafür bietet jede Kryptobörse eine Übersicht über die aktuellen Kurse. Diese gleichen sich mehr oder minder, sodass Sie in dieser Hinsicht keinen gravierenden Vorteil haben, wenn Sie eine Börse der anderen vorziehen.

Kryptobörsen verdienen ihr Geld damit, dass sie für Käufe und Verkäufe Gebühren erheben. Normalerweise handelt es sich dabei um einen sehr geringen, prozentualen Anteil am Wert der Transaktion. Häufig ist die Darstellung der Gebühren nicht transparent, sondern sie sind eingerechnet im Umtauschkurs, der Ihnen für Ihre Kryptowährungen oder Ihr Fiatgeld angezeigt wird. Sie müssen durchaus danach suchen, um zu erfahren, wie teuer oder günstig nun Ihre entsprechende Transaktion ist. Zusätzlich zu den Gebühren für die Kryptobörse, erheben auch die einzelnen Kryptoprojekte Gebühren für die Transaktion. Diese werden gemeinhin als Gas bezeichnet.

Nicht jede Kryptobörse bietet jeden Coin und jeden Token an. Auch akzeptiert nicht jede Kryptobörse alle Fiatwährungen. Während Sie bei Binance (zum Zeitpunkt der Entstehung dieser Lektüre) 69 verschiedene Fiatwährungen nutzen können, um Kryptowährungen zu kaufen oder zu verkaufen, sieht das bei anderen Börsen weit weniger vielfältig aus. Manche Kryptobörsen akzeptieren nur Währungen in US-Dollar, bei anderen können Sie auch mit Koreanischen Won zahlen. Umgekehrt können Sie aber auch Kryptowährungen in verschiedene Währungen tauschen. Stellen Sie sich dafür vor, dass Sie in Ihrem Konto bei der Kryptobörse ein Portfolio haben. Das kann beispielsweise bestehen aus 0,005 BTC (Bitcoin), 0,75 ETH (Ethereum), 500 DOT (Polkadot), 55 US-Dollar, 200 Euro, 2.000 Türkische Lira und 20.000 Japanische Yen. Sie können nun auf der Kryptobörse mit Ihren BTC Yen kaufen, oder Sie kaufen mit Ihren Türkischen Lira DOT oder mit den US-Dollar ETH. Sie können sich das Fiatgeld natürlich auch auszahlen lassen, dann benötigen Sie nur ein Bankkonto, das in der jeweiligen Währung funktioniert.

Sicherheit von Kryptobörsen

Kryptobörsen sind vergleichbar mit allen anderen Finanzplattformen auch - sei es Ihr Depot bei einer Bank, Ihr Zugang zu Ihrem Online-Konto, PayPal oder welche Zahlungsdienste Sie auch immer nutzen. Wer sich auf Ihr Konto bei einer Kryptobörse einloggen kann, hat Zugriff auf das Guthaben, das sich zu diesem Zeitpunkt auf der Börse befindet. Das ist übrigens ein essenzieller Aspekt, wenn es um die Sicherheit bei Hardware Wallets geht (mehr dazu im entsprechenden Kapitel). Doch nicht nur auf das Guthaben hat derjenige, der sich einloggen kann, Zugriff, sondern auch auf eventuell in der Börse gespeicherte Kreditkartendaten oder Bankverbindungen. Daher ist ein sicheres Passwort die unterste Stufe der Sicherheit, die Sie – als Nutzer – noch selbst in der Hand haben.

Auch wenn es für Sie anstrengend sein mag, aber Kryptobörsen weisen dann ein Minimum an Sicherheit auf, wenn Sie gezwungen werden Passwörter mit acht Zeichen oder mehr zu erstellen. Auch Sonderzeichen, Zahlen, Groß- und Kleinbuchstaben sind Pflicht, um den Mindeststandard an Sicherheit zu erfüllen. Erlaubt Ihnen eine Kryptobörse, jedes beliebige Passwort zu nutzen oder weniger als acht Zeichen zu verwenden, sollten Sie skeptisch werden bezüglich der restlichen Aspekte rund um Sicherheit bei dieser Börse. Der nächste Schritt ist die Zwei-Faktor-Authentifizierung: Die Kryptobörse Ihrer Wahl sollte dieses System unterstützen. Wenn nicht, lassen Sie die Finger davon – es ist heutzutage Standard, dass Zwei-Faktor-Authentifizierung bereitgestellt wird und Sie sollten sie unbedingt nutzen. Wenn es um Finanzen geht, gibt es keinen Grund auf eine solche Authentifizierungsmethode zu verzichten.

Neben der Tatsache, dass Sie Ihr Passwort dann schlussendlich auch sicher aufbewahren sollten, sind das die beiden essenziellen Punkte, die Sie selbst in die Hand nehmen können, um für Sicherheit zu sorgen. Wenn Sie zudem Ihre Kryptowährungen nicht auf der Kryptobörse behalten, sondern in ein Cold Wallet übertragen, haben Sie Ihrerseits alles richtig gemacht.

Doch Sie sind nicht die einzige Person, die für Sicherheit verantwortlich ist. Schlussendlich sind es die Experten hinter der Kryptobörse, die dafür sorgen müssen, dass weder ein Datenleck entsteht noch jemand über Schlupflöcher ins System der Kryptobörse eindringen kann. Mal abgesehen davon, dass es die Betreiber einer Kryptobörse eventuell nicht ernst meinen mit dem Geld ihrer Anleger (mehr dazu im letzten Kapitel), ist die IT-Sicherheit hinter der jeweiligen Börse essenziell für Ihr Guthaben. Das Problem: Sie können das kaum bis gar nicht erfassen, hinterfragen oder beeinflussen. Sie sind der Kryptobörse ausgeliefert und müssen sich tatsächlich darauf verlassen können, dass die Betreiber alles in ihrer Macht stehende tun, um Ihr Guthaben sicher zu verwahren. Da jedoch viel Geld im Kryptosystem steckt, sind Hacker besonders interessiert daran, derartige Börsen zu hacken. Ihnen bleibt jedoch nichts weiter als die Recherche, welches die für Sie beste Kryptobörse ist; Vertrauen in diese Börse und möglichst wenig Guthaben und Daten auf der Börse zu speichern. Idealerweise ist eine solche Börse für Sie immer nur eine Übergangslösung zur Aufbewahrung Ihrer Coins und Token.

Sonderfall: Kryptozertifikate und Co

Einige Kryptobörsen bieten an, dass Sie nicht nur eine einzige Kryptowährung kaufen, sondern an der Kursentwicklung vieler Kryptowährungen partizipieren. Dabei handelt es sich um Indizes, die die Wertentwicklung verschiedener Kryptowährungen spiegeln. Dafür existieren verschiedene Konzepte, sodass Sie etwa einen Fonds bestehend aus 5, 10 oder 25 Kryptowährungen kaufen können. Sie kaufen in diesem Fall jedoch nicht die Währungen selbst, sondern investieren in einen Index. Sie können nicht Teile dieses Index verkaufen – Sie können also nicht entscheiden, dass Sie Ihre BTC (Bitcoin) und Ihre ETH (Ether) aus dem Fonds verkaufen, aber die SOL oder die ADA behalten. Im Prinzip verhält es sich dabei wie bei einem Aktien-Fonds.

Mehr und mehr tauchen jedoch bei klassischen Brokern weitere Zertifikate auf Kryptowährungen, Fonds und weitere Finanzinstrumente auf, die sich allesamt mit der Kryptowelt beschäftigen. Ihr Vorteil ist, dass Sie kein Konto bei einer Kryptobörse benötigen, um an der Kursentwicklung von Kryptowährungen zu partizipieren. Sie können Zertifikate in Ihr normales Aktien-Depot legen und diese so handeln, wie Sie Aktien oder Fonds handeln. Wenn Sie auf diese Art und Weise in der Kryptowelt tätig sind, kaufen Sie jedoch niemals Kryptowährungen. Sie besitzen dann keinen Bitcoin, keinen Ether und keine andere Währung – Sie besitzen ausschließlich Anteile an den

Zertifikaten, die von einer klassischen Bank oder einem klassischen Emittenten ausgegeben werden.

Hier sind dem Einfallsreichtum der Emittenten keine Grenzen gesetzt. Sie können Zertifikate erwerben, die sich ausschließlich auf die Kursentwicklung des Bitcoin fokussieren. Sie können aber auch Zertifikate kaufen, um an Staking-fähigen Kryptowährungen zu partizipieren. Sie können in passive oder aktive Fonds investieren. Behalten Sie bei derartigen Investitionen immer die Gebühren im Blick und seien Sie sich im Klaren darüber, dass Zertifikate und Co Ihnen keinen Zugang zu Kryptowährungen gewähren, sondern Sie ausschließlich an der Preisentwicklung teilnehmen.

KAPITEL 7

Expertenwissen: Konsensmechanismen

Die Blockchain basiert auf ihren Teilnehmern. Da sich diese in der Regel nicht kennen und nicht vertrauen, ist es notwendig, dass ein Mechanismus vorhanden ist, um Einigkeit zu erzielen, wie der Status des jeweiligen Netzwerks (also der Blockchain) ist. Diese Einigkeit über den „Zustand" der jeweiligen Blockchain nennt man Konsensmechanismus. Das ist wichtig, da nur dadurch die Vertrauenswürdigkeit und auch die Sicherheit der Blockchain hoch ist. Es ist ganz einfach: Die Teilnehmer einer Blockchain stimmen bezüglich einer bestimmten Frage überein. Diese Frage ist die Transaktion – ist sie gerechtfertigt und erfüllt sie alle Bedingungen der Blockchain, oder nicht? Diese Teilnehmer validieren also eine Transaktion und speichern sie in einem Block. Daher werden sie auch Validatoren genannt. Damit eine Blockchain nicht manipuliert werden kann, muss die Mehrheit der Validatoren darin übereinstimmen, dass eine Transaktion rechtens ist: Ein Konsens ist nötig. Dieser Konsens kann mit mehreren, sehr unterschiedlichen Verfahren, erreicht werden. Allen Verfahren ist gleich, dass die Validatoren einen Einsatz bringen müssen. Nur durch diesen Einsatz ist sichergestellt, dass diejenigen, die ihn erbringen, auch wirklich ein Interesse am Erfolg des jeweiligen Projektes haben. Die Einsätze sind der Beweis dafür – daher stammt auch der Name für die Mechanismen: Proof of... Das bedeutet so viel wie „Der Beweis von...". Die Einsätze können vielfältig sein.

Proof of Work (Mining)

Proof of Work wird auch PoW abgekürzt. Dieser Konsensmechanismus ist der älteste. Der Konsens zwischen den Validatoren wird dadurch erzielt, dass diese Rechenpower zur Verfügung stellen. Die Teilnehmer an diesem Verfahren erhalten eine mathematisch durchaus komplexe Rechenaufgabe. Ihre Hardware muss diese nun lösen. Das war im Falle von Bitcoin zu Beginn einfach, sodass jeder Teilnehmer mit seinem Computer problemlos daran teilnehmen konnte. Mittlerweile sind die Rechenaufgaben jedoch so komplex, dass nur sehr viel Rechenpower diese lösen kann. Das führt zur katastrophalen Energiebilanz dieses Mechanismus, der immer wieder Gegenstand der öffentlichen Debatte ist. Derjenige, der die Rechenaufgabe löst, erhält eine Belohnung dafür in Form der jeweiligen Kryptowährung der Blockchain (Auf diese Art und Weise werden auch Bitcoin geschürft. Daher stammt der Name „mining" – angelehnt an die Arbeit in Goldminen). Durch die Lösung dieser

Aufgabe wird ein Block validiert. Dieser Block wird geschrieben, wenn eine Transaktion darin gespeichert werden soll. Explizit im Fall von Bitcoin müssen mehrere Validatoren eine Rechenaufgabe lösen, erhalten dann ihre Belohnung und verifizieren dadurch eine Transaktion. Daher dauert es auf der Bitcoin-Blockchain auch immer eine Weile, bis eine Transaktion wirklich durchgeführt wird (mehr dazu im Kapitel über Bitcoin). Die Zukunft wird wahrscheinlich nicht auf Blockchains basieren, die diesem Konsensmechanismus folgen, denn der Energiebedarf ist zu hoch und die Akzeptanz in der Bevölkerung sinkt. Wie sich das auf den Ursprung aller Kryptowährungen - den Bitcoin - auswirken wird, ist jedoch noch nicht ganz klar.

Proof of Stake und Staking

Ein wesentlich energiesparenderer Mechanismus ist Proof of Stake (PoS). Hierbei wird der Konsens durch die Bereitstellung von Vermögen und der Dauer dieser Bereitstellung erzielt. Es werden zufällig Validatoren ausgewählt, die Ihren Anteil an der jeweiligen Kryptowährung bereitstellen (und dadurch auch tatsächlich blockieren - das heißt, sie können für einen gewissen Zeitraum nicht über ihre Kryptowährung verfügen, da diese für das sogenannte Staking blockiert ist). Nacheinander werden den so ausgewählten Validatoren Blöcke zur Bestätigung vorgeschlagen. Hat ein Validator einen Block bestätigt, wird dieser zum nächsten Validator weitergeleitet, der diesen wiederum bestätigt. Validatoren, die einen höheren

Betrag staken, haben eine höhere Chance, durch den Zufallsalgorithmus ausgewählt zu werden. Sie erhalten dann eine Belohnung dafür, dass sie bereit waren, Ihr Guthaben zu blockieren und zu staken.

Proof of Stake hat für die Validatoren einen großen Nutzen und es liegt in ihrem Interesse ehrlich zu agieren. Die meisten Validatoren werden einen Großteil der entsprechenden Token im System besitzen. Sie haben ein Interesse daran, dass die Blockchain sicher läuft und alle zufrieden sind, denn sonst würde der Preis für Ihre Token sinken. Das Vertrauen in die jeweilige Blockchain würde sonst bei den Nutzern fehlen. Außerdem droht Validatoren, die falsche Blöcke generieren, das Slashing. Sie verlieren die Kontrolle, wenn sie sich unehrlich verhalten. Durch diesen Kontrollverlust erhalten sie keine weiteren Token und können nicht mehr validieren. Daran haben sie natürlich kein Interesse.

Auch für die Nutzer, die keine Validatoren werden möchten, lohnt sich Proof of Stake. Sie können Belohnungen in Form von Token über zwei Wege erhalten: Sie können die Token lange genug (je nach Blockchain) in ihrer Wallet halten und bekommen dann ganz automatisch vom System eine Belohnung. Alternativ können sie das Staking auch delegieren (Delegated Proof of Stake oder DPoS). Die Nutzer stellen ihre Token einem Validator zur Verfügung, der diese für die Validierung nutzt. Der Validator zahlt den Nutzern dann einen Anteil am Gewinn zurück. Der Vorteil für Nutzer liegt darin, dass Sie so häufig die Blockade der eigenen Token umgehen. Das hängt jedoch vom Validator ab, der auch anbieten muss, dass Nutzer, die am DPoS teilnehmen, ihre Einlagen nicht blockieren müssen. Kryptobörsen bieten diesen Service häufig an. Sie stellen der Kryptobörse Ihre Token zur Verfügen und staken sie somit. Die Kryptobörse tritt als Validator auf und erhält eine Belohnung. Einen Teil dieser Belohnung zahlt sie an Sie aus.

Eine besondere Form von Proof of Stake bietet übrigens das Polkadot-Projekt mit der Kryptowährung DOT. Hierbei kommt das sogenannte Nominated PoS zum Einsatz (NPoS). Dabei können Validatoren nominiert werden. Diejenigen, die Validatoren nominieren, die weniger DOT staken, erhalten eine Belohnung dafür. Das sorgt für mehr Fairness im gesamten PoS-Prozess, da hierbei nicht nur diejenigen bevorzugt werden, die viele DOT staken, sondern auch diejenigen Chancen erhalten, die weniger DOT staken.

Proof of Burn

Proof of Burn (PoB) ist ein Konsensmechanismus, der weniger energieintensiv ist als Proof of Work. Auch hier muss der Teilnehmer, wie bei Proof of Work, Geld investieren, um die Wahrscheinlichkeit zu erhöhen, dass er einen neuen Block minen (also schürfen) darf, um somit wieder eine Belohnung zu erhalten. Bei Proof of Work besteht die Investition des Geldes darin, dass sich der Miner Hardware kaufen muss. Bei Proof of Burn ist das anders.

Hier investiert der Miner seine eigenen Coins und verbrennt sie. Verbrennen heißt ist diesem Fall, dass diese Coins gelöscht werden und nicht mehr zugänglich sind. Hintergrund dafür ist, dass der Miner investiert und somit einen kurzfristigen Verlust erleidet, dafür jedoch wieder eine Belohnung erhält, und somit schlussendlich doch einen Gewinn abschöpft. Die Investition, also das Verbrennen der Coins, geben dem Miner ein Recht darauf, dass er einen neuen Block generieren darf. Sobald ein Miner einmal Coins verbrannt hat, erhält er das dauerhafte Recht immer wieder neue Blöcke erstellen zu dürfen. Die Wahrscheinlichkeit, dass er ausgewählt wird, steigt mit der Menge an Coins, die er verbrennt.

Das Verbrennen von Coins funktioniert so, dass der Miner die Coins an eine bestimmte Adresse sendet, auf die niemand Zugriff hat. Dabei handelt es sich um eine sogenannte Eater Adresse. Diese Adresse frisst Coins. Es gibt einen öffentlichen Schlüssel, den jeder einsehen kann und einen privaten Schlüssel, auf den niemand Zugriff hat. Da sich der private Schlüssel nicht aus dem öffentlichen Schlüssel ableiten lässt, sind Coins, die an diese Adresse gesendet werden, für immer verloren.

Generell ist es möglich, dass bei der Einführung einer neuen Kryptowährung auch Coins und Token anderer Währungen verbrannt werden. Somit erhalten die, die dies ausführten, das Recht, auf der Blockchain der neuen Währung Blöcke zu generieren. Es gibt derzeit nur sehr wenige Kryptowährungen, die diesen

Konsensmechanismus nutzen. SlimCoin ist ein Beispiel, doch dort wird parallel zu PoB auch noch PoW und PoS eingesetzt.

Dass PoB weniger weit verbreitet ist, liegt an den unausgewogenen Vor- und Nachteilen des Mechanismus. Generell eignet er sich, um Kryptowährungen einzuführen und auch zu verbreiten, gerade weil auch fremde Coins und Token verbrannt werden können. PoB ist zudem umweltfreundlicher als PoW und es ist auch fairer, denn im Prinzip kann jeder teilnehmen. Bei PoW ist es irgendwann so, dass nur diejenigen mit genügend Rechenpower ernsthaft teilnehmen können. Genügend Rechenpower kostet jedoch auch viel Geld, sodass gerade kleinere Miner irgendwann nicht mehr mithalten können. Auch erhöht sich die langfristige Bindung derjenigen, die für ein Projekt Coins und Token verbrannten. Auf der anderen Seite ist das Verbrennen natürlich auch Ressourcenverschwendung. Einst mit Strom oder per PoS erschaffene Coins und Token werden nun wieder vernichtet, nur um neue Coins und Token – wieder mit Strom – zu erschaffen. Auch haben diejenigen, die mehr verbrennen, wieder mehr Chancen für neue Blöcke ausgewählt zu werden. Der faire Gedanke im Vergleich zu PoW wird dann wieder obsolet. Zu guter Letzt wissen Miner nicht, ob sie schlussendlich Gewinn machen. Ob ein Projekt erfolgreich wird oder nicht, entscheidet sich immer erst hinterher. Zu diesem Zeitpunkt sind die wertvollen Coins und Token, die verbrannt wurden, jedoch verloren.

Proof of Capacity

Proof of Capacity (PoC) ist eine energieeffiziente und ressourcenschonende Alternative zu PoW, PoS oder PoB. Teilnehmer an Blockchains, die diesem Mechanismus folgen, stellen Speicherplatz auf ihrer Festplatte zur Verfügung. Das Netzwerk darf diesen Speicher nutzen. So erwirbt sich der Teilnehmer die Chance darauf, einen neuen Block zu generieren und wird somit belohnt. Doch es handelt sich dabei nicht um ein paar MB. Der belegte Speicherplatz ist durchaus groß (im Verhältnis zum Device, auf dem der Platz bereitgestellt werden muss), denn das jeweilige Projekt nutzt den Speicher zum Plotten von Graphen aus Hashes. Was das exakt ist, spielt an dieser Stelle keine Rolle, zumal es auch immer projektspezifisch ist. Fakt ist, dass mehr zur Verfügung gestellter Speicherplatz auch bedeutet, dass die Chancen steigen, neue Blöcke erstellen zu dürfen. Ob auch alles mit rechten Dingen zugeht, wird geprüft, indem die geplotteten Hashes geprüft werden. Stimmt das alles, weist der Teilnehmer sein PoC nach.

Der Vorteil ist, dass bei PoC ausschließlich Speicherplatz bereitgestellt und nicht, wie bei PoW, die gesamte Rechenleistung genutzt wird. Generell soll es, je nach Projekt, möglich sein, dass Mining nach dem PoC-Mechanismus auch auf Handys möglich wird. Inwiefern dabei jedoch genügend Speicherplatz bereitgestellt wird, steht auf einem anderen Blatt. Die Einstiegshürde bei PoC ist zudem geringer. Während PoW den Kauf von

Hardware verlangt, PoS und auch PoB voraussetzen, dass bereits Coins oder Token vorhanden sind, wird für PoC lediglich Speicherplatz benötigt. Dieser ist prinzipiell auf diversen Endgeräten, die der Nutzer zu Hause hat, ohnehin schon vorhanden. Doch auch hier ist es schlussendlich so, dass diejenigen Teilnehmer, die am meisten Speicherplatz zur Verfügung stellen, auch mehr Chancen erhalten.

Proof of Authority

Proof of Authority (PoA) ist abhängig davon, welchen Ruf ein Teilnehmer genießt. Die Investition, die für diesen Mechanismus gemacht werden muss, basiert auf der Ehrlichkeit und Vertrauenswürdigkeit des Teilnehmers. Denn ein guter Ruf steht für gewöhnlich auch für eine hohe Vertrauenswürdigkeit. Das Vermögen eines Teilnehmers ist daher irrelevant. Dabei ist Vermögen generell ein sinnvoller Ansatz, denn Teilnehmer, die ein hohes Vermögen haben und dieses auch bereitstellen, sind nicht daran interessiert, dass das jeweilige Projekt (und damit ihr Vermögen) scheitert. PoA folgt einem ähnlichen Ansatz, nur dass das Vermögen in diesem Fall ideeller Natur ist. Bei diesem Mechanismus bewerben sich die Validatoren darum, dass sie für die Blockchain validieren können. Dafür muss der Bewerber auch seine Identität nachweisen und persönliche Daten preisgeben. Dies ist der Unterschied zu PoP – einem Mechanismus, der ähnlich funktioniert und weiter unten erklärt wird. Für viele Menschen ist PoA eine Hürde, weshalb auch an dieser Stelle davon ausgegangen werden kann, dass Personen, die daran teilnehmen, daran interessiert sind, dass ihre Identität nicht mit einem gescheiterten Blockchain-Projekt in Verbindung gebracht wird. Personen, die ohnehin fragwürdiger Natur sind, kommen normalerweise gar nicht in die Position der Validatoren - das ist wieder ein Vertrauensbeweis für die Blockchain. Die Auswahl der Validatoren sollte fair ablaufen, weshalb ein standardisiertes Auswahlsystem vorhanden sein muss. Dieses variiert von Projekt zu Projekt und kann mal mehr oder weniger streng sein.

Der große Vorteil (und gleichzeitig Nachteil) ist, dass die Hürde sehr hoch ist, um in einer PoA-Blockchain Validator zu werden. Bei anderen Mechanismen kann der Teilnehmer starten, wann er will und muss nicht erst seine Identität prüfen lassen. Auf der anderen Seite sind derartige Blockchains natürlich voll mit Validatoren, die etwas Größeres zu verlieren haben als nur ihr Geld - nämlich ihr Ansehen. Aus diesem Grund sind PoA-Projekte durchaus interessant, denn alle Validatoren sind am Erfolg hundertprozentig interessiert.

Proof of Person

Weniger bekannt ist PoP - Proof of Person. Dieses Konzept ähnelt zwar PoA, doch unterscheidet es sich in einigen (durchaus relevanten) Aspekten. Bei diesem Konsensmechanismus beweisen die Teilnehmer, dass es sich bei ihnen um real existierende Personen handelt (wie bei PoA). Das berechtigt sie an den Aktivitäten des Netzwerks teilzunehmen. Die Teilnehmer beweisen das, indem Sie Aufgaben lösen oder biometrische Daten bereitstellen. Hier ist der Unterschied zu PoA zu sehen, denn es ist nicht zwangsläufig nötig, dass eine Identität nachgewiesen werden muss. Biometrische Daten oder das Lösen einer Aufgabe lassen noch keine Rückschlüsse auf die Person zu. Diese Rückschlüsse können nur gezogen werden, wenn zusätzlich zu den biometrischen Daten weitere personenbezogene Daten vorhanden sind. Bei PoA ist das der Fall, denn dort sind persönliche Daten relevant. Der Vorteil hinter dem PoP-Mechanismus ist, dass in einem solchen Netzwerk jede Person nur ein einziges Mal präsent sein kann (wie bei PoA): Der Mechanismus nimmt daher die Ungerechtigkeit des PoS, bei dem derjenige mit dem größten Vermögen auch die größeren Chancen hat, dieses Vermögen zu vergrößern. Auch die Tatsache, dass eine normale Person mittlerweile kaum noch beim PoW-Konsensmechanismus teilnehmen kann, da der Ressourcenaufwand so hoch ist, wird durch PoP umgangen. Es existieren jedoch nur wenige Blockchains, die diesen Mechanismus anwenden. IDNA (Idena) oder Humanode sind zwei derartige Blockchains.

Proof of Elapsed Time

Bei Proof of Elapsed Time (PoET) stellt Zeit die Ressource dar, die ein Teilnehmer investiert, um die Chance zu erhöhen, für die Erstellung eines neuen Blocks ausgewählt zu werden. Das Konzept dahinter ist wie ein

Lotteriekonzept: Dem Teilnehmer wird jedoch eine Wartezeit zugewiesen. Die Plattform sorgt dafür, dass jeder Teilnehmer eine Wartezeit erhält und derjenige, der die kürzeste Wartezeit bekommt, darf den Block schreiben. Allerdings muss er auch nachweisen, dass er die Wartezeit eingehalten hat. Sobald die Wartezeit abgelaufen ist, darf der Block geschrieben werden -vorher nicht.

Der Vorteil von PoET ist, dass jeder Teilnehmer am Projekt die gleichen Chancen hat ausgewählt zu werden. Bei anderen Konzepten wie PoW, PoS oder PoB erhalten die Teilnehmer höhere Chancen, die auch mehr Geld (in Form von Hardware oder Coins und Token) investieren. Bei PoET ist dies nicht der Fall. Der Nachteil von PoET ist, dass dieses Konzept ausschließlich auf einer Vertrauensbasis funktioniert. Haben Teilnehmer das Gefühl, dass sie nicht berücksichtigt werden oder erhalten immer dieselben Teilnehmer die kürzesten Wartezeiten, schleicht sich gegebenenfalls ein Misstrauen ein. Das führt dazu, dass das Blockchain-Projekt weniger erfolgreich wird.

Proof of History

Dieser Konsensmechanismus existiert derzeit nur im Solana-Netzwerk. Er wurde vom Solana Gründer Anatoly Yakovenko entwickelt und stellt das innovative Alleinstellungsmerkmal von Solana dar. Proof of History (PoH) funktioniert bei Solana in Verbindung mit PoS – es ist also ein hybrider Mechanismus. Sehr vereinfacht ausgedrückt basiert PoH darauf, dass jede Transaktion zu einem bestimmten Zeitpunkt ausgeführt wurde. Zu der Transaktion und dem Zeitpunkt der Ausführung errechnet die Solana-Blockchain einen Zeitstempel in Form von Hashes. Jeder Hash ist einzigartig, durch die besondere Funktionsweise lässt sich jedoch die Reihenfolge der Transaktionen bestimmen. Das führt dazu, dass dieser Konsensmechanismus schneller abläuft als andere Mechanismen. Der Vorteil der Geschwindigkeit der Transaktionen ist gleichzeitig auch der Nachteil, denn je mehr Transaktionen ausgeführt werden können, desto schneller steigt die Datenmenge, die anfällt. Das führt dazu, dass das Solana Netzwerk sehr Daten-intensiv ist.

Practical Byzantine Fault Tolerance

Practical Byzantine Fault Tolerance (PBFT) ist der einzige Konsensmechanismus, der nicht mit Proof of beginnt. Bei diesem Mechanismus müssen sich Teilnehmer vorher registrieren (wie bei PoA und PoP) und der Konsens wird so erzielt, dass mit redundanten Abfragen an die Teilnehmer die Fehlertoleranz erhöht wird und innerhalb der Blockchain manipulierte oder fehlerhafte Transaktionen ausgeschlossen werden. Fehlerhafte Transaktionen können bewusst durch Manipulation in eine Blockchain eingespielt werden oder es gibt tatsächlich verloren gegangene Informationen während des Datentransports (die Internetverbindung war schlecht o. ä.). Generell bleibt das nicht aus, weshalb es wichtig ist, dass eine Blockchain auch dann noch funktioniert, wenn genau solche Fehler auftreten. Das Konzept hinter PBFT basiert nun darauf, dass jeder Teilnehmer eine Stimme hat, um zu definieren, ob ein Block ein valider (also fehlerfreier und nicht manipulierter) Block ist oder nicht. Ausgewählte Personen innerhalb des Netzwerkes sind berechtigt, diese Blöcke zu validieren. Diese Personen verteilen ihre Stimmen an die Blöcke, die validiert werden sollen. Je mehr Stimmen die Blöcke erhalten, desto höher ist die Wahrscheinlichkeit, dass sie valide sind und geschrieben werden können.

Der Vorteil ist, wie bei PoA, dass die Validatoren registriert sind. Ihre Identität ist bekannt, weshalb sie nicht daran interessiert sind, dass das jeweilige Projekt nicht erfolgreich ist. Schließlich können alle Manipulationen auf sie zurückgeführt werden. In der Praxis wird dieser Konsensmechanismus eher dann genutzt, wenn Transaktionen einfach nachvollziehbar sein müssen. Innerhalb eines Unternehmens ist dieser Mechanismus hilfreich, doch für die breite Öffentlichkeit eignet er sich kaum. Daher werden Sie selten in Kryptoprojekte investieren können, die diesem Mechanismus folgen.

KAPITEL 8

Bitcoin

Der Bitcoin ist für viele Menschen der Inbegriff von Kryptowährungen. Selbst wenn sich jemand in diesem Bereich gar nicht auskennt, hat er oder sie den Namen Bitcoin schon einmal gehört. Er ist nach wie vor die bekannteste Kryptowährung, die auf einem dezentralen System beruht. Transfers von Bitcoin werden in der Bitcoin-Blockchain gespeichert, sobald sechs Nodes den jeweiligen Transfer verifizierten. Die kleinste Einheit eines Bitcoins ist der Satoshi, der vergleichbar ist mit den kleineren Einheiten des Euro, nämlich dem Cent. Die Abkürzung für Satoshi lautet „Sat". 100 Millionen Satoshi repräsentieren einen Bitcoin. Sie wissen ja nun, was es mit Sat-Stacking auf sich hat: Bei 100 Millionen Sats müssen Sie ganz schön lange staken, bis Sie zum Whale werden. Neben dem Urvater der Kryptowährungen gibt es noch andere Währungen, die sich aus der Bitcoin-Blockchain heraus bildeten: Bitcoin Cash ist eine Abspaltung (eine sogenannte Hard-Fork) aus dem Jahr 2017, die entstand, um die Währung skalierbarer zu machen. Weiterhin gibt es den Wrapped Bitcoin - dabei handelt es sich um einen Token der denselben Wert aufweist wie Bitcoin, der aber auf dem Ethereum-Protokoll läuft. Sinn und Nutzen von Bitcoin Cash und Wrapped Bitcoin zu erläutern führt an dieser Stelle jedoch zu weit und ist nur von Interesse, wenn Sie tiefer in die Materie einsteigen möchten. Beide haben jedoch ihre ganz individuellen Vorteile.

Geschichte des Bitcoin

Satoshi Nakamoto ist der Name, der unweigerlich mit der Gründung des Bitcoins verknüpft ist. Wer sich dahinter verbirgt, ist bis dato nicht bekannt. Fakt ist, dass diese Person/diese Gruppierung im Jahr 2008 ein Whitepaper über den Bitcoin vorstellte/n. Das führte dazu, dass der Traum vom digitalen Geld endlich Gestalt annahm. Schon lange vor dem Bitcoin gab es Ideen und Konzepte über eine solche Währung: eCash, b-money oder bit gold waren derartige Ideen. Doch nur der Bitcoin schaffte den Weg in die globale Finanzwelt. Die ersten 50 Bitcoin wurden im Januar 2009 geschöpft. Zeitgleich entstand der erste Block (Block 0) in der Blockchain. In diesem Block findet sich folgende Nachricht:

"The Times 03/Jan/2009 Chancellor on brink of second bailout for banks"

Die Schlagzeile auf der Titelseite von The Times – der britischen Tageszeitung vom 3. Januar 2009. Zu dieser Zeit waren die weltweite Finanzkrise und ihre Auswirkungen in vollem Gange. Auch dafür sollte der Bitcoin einen Gegenentwurf darstellen.

Anfangs lag der Wechselkurs eines Bitcoins bei 0,07 US-Dollar, sodass ein Anleger für 1 US-Dollar etwas mehr als 14 Bitcoins kaufen konnte. Doch das war nur eine Kalkulation, die auf dem tatsächlichen energetischen Aufwand zur Erzeugung eines Bitcoins basierte (Proof of Work und Mining, doch dazu später mehr), denn zu diesem Zeitpunkt konnte niemand mit Bitcoin handeln. Im Mai 2010 wurde die Währung erstmals eingesetzt: 10.000 Bitcoin für 2 Pizzen (aus heutiger Perspektive waren das wohl die teuersten Pizzen aller Zeiten). Bis Ende 2011 konnten Anleger noch für weniger als 10 US-Dollar einen Bitcoin kaufen. Bis Mitte 2013 ging es dann bergauf mit dem Bitcoinkurs: 200 US-Dollar war ein Bitcoin wert und Ende 2013 stieg der Wert sogar auf 1.000 US-Dollar. Der Kurs stieg weiter, so lange, bis das Mt.-Gox-Fiasko zuschlug (mehr dazu später). Im Jahr 2015 fiel der Kurs dann auf 250 US-Dollar, um anschließend wieder zu steigen. Ende 2016 erreichte er 1.000 US-Dollar. Ab diesem Zeitpunkt ging es steil bergauf. Bis Ende 2017 legte der Bitcoin Kurs auf knapp 20.000 US-Dollar zu, auch wenn das Jahr mit ungefähr 14.000 US-Dollar beendet wurde. Ende 2018 notierte der Bitcoin bei 3.200 US-Dollar. Es ging in den folgenden Monaten auf und ab und wäre die Corona-Pandemie nicht gewesen, hätte der Bitcoin sicher auch die 10.000-US-Dollar-Marke Anfang 2020 weit hinter sich gelassen. Doch das Tief währte nicht lange und Ende 2020 lag der Bitcoin Kurs bei 25.000 US-Dollar. Gegen Ende 2021 schaffte es der Bitcoin auf mehr als 68.000 US-Dollar zu steigen. Im selben Jahr führte El Salvador den

Bitcoin als weitere offizielle Landeswährung ein und ein Bitcoin-ETF startete. Doch dann ging es bergab mit dem Kurs, der sich im Laufe des Jahres 2022 immer wieder bei rund 20.000 US-Dollar einpendelte. Im selben Jahr führte die Zentralafrikanische Republik ebenfalls den Bitcoin als zusätzliches Zahlungsmittel ein. Das Jahr 2023 war größtenteils eher von einer Seitwärtsbewegung mit Kursen zwischen 20.000 und 30.000 US-Dollar geprägt. Rufe nach Regulierung wurden in den Jahren 2022 und 2023 zudem immer lauter, nicht zuletzt, weil die Kryptobörse FTX 2023 einbrach und es zudem die gigantische Kryptobörse Binance im selben Jahr in die regulatorische Überprüfung geriet, weil gemutmaßt wird, dass nicht alles mit rechten Dingen zugeht.

Der Bitcoin im Detail

Ist der Bitcoin fälschungssicher?

Derzeit ist es nicht möglich, Einheiten oder Transaktionen zu fälschen. Das asymmetrische Verfahren hinter dem Bitcoin erstellt digitale Signaturen. Dieses Verfahren überprüft die Signaturen auch, sodass es nicht möglich ist, ein und denselben Bitcoin mehrfach auszugeben. Um das Verfahren zu beeinflussen, müsste ein Angreifer mehr als die Hälfte aller Nodes darstellen, was allein schon aufgrund der immensen Energiekosten, die das mit sich bringen würde, undenkbar ist. Dies ist der weiter vorn bereits erwähnte 51%-Angriff.

Wie läuft eine Bitcoin-Transaktion ab?

Bitcoin-Zahlungen werden direkt zwischen zwei Teilnehmern durchgeführt. Damit die Zahlung erfolgreich ausgeführt wird, fallen Gebühren an. Diese hängen zumeist von der Auslastung des Netzwerks und von der Größe der Transaktion ab. Dabei spielt es keine Rolle, wie viele Bitcoins (oder Satoshis) bei einer Überweisung übertragen werden, sondern nur die Größe der Transaktion selbst in Bytes ist relevant. Je höher die Gebühr, desto schneller wird eine Transaktion bestätigt. Dabei kann derjenige, der die Überweisung tätigt, selbst bestimmen, wie hoch die Gebühr ist, die er zahlen möchte - je geringer seine Zahlungsbereitschaft also ist, desto länger dauert die Transaktion. Die Gebühr geht an denjenigen Miner, der die Transaktion in einen neuen Block hinein erzeugt. Doch es reicht nicht aus, dass nur ein einziger Miner einen neuen Block erzeugt. Erst nachdem sechs Miner eine Transaktion bestätigt haben, wird diese auch verifiziert und durchgeführt. Das ist der Grund, weshalb es manchmal bis zu einer Stunde dauern kann, bis eine Transaktion durchgeführt wurde. Hintergrund ist, dass im Durchschnitt alle 10 Minuten ein neuer Block erzeugt wird. Sechs mal 10 Minuten ergibt 60 Minuten für eine Transaktion. Ein weiterer Grund für die Gebühren bei einer Transaktion ist, dass das Bitcoin-Netzwerk nicht überlastet werden soll, wenn zu viele kleine Transaktionen durchgeführt werden. Gebühren je Transaktion schrecken ab. Sobald eine Transaktion bestätigt und in der Blockchain geschrieben ist, ist es nicht mehr möglich, diese rückgängig zu machen. Fälschlicherweise überwiesenes Geld ist somit verloren und kann nicht, wie bei einer Bank, zurücküberwiesen werden. Hier hilft nur die Ehrlichkeit des Empfängers, der sich dann jedoch auch öffentlich zu erkennen geben muss.

Wie viele Bitcoins wird es maximal geben?

Es wird nie mehr als 21 Millionen Bitcoins geben. Doch es werden nie alle 21 Millionen Bitcoins im Umlauf sein. Hintergrund ist, dass einige Coins für immer verloren sind – sie befinden sich in Cold Wallets, deren Zugangscode niemand mehr kennt. Die bekannteste Geschichte zu diesem Thema liefert der Waliser James Howells. Eine seiner Festplatten mit knapp 8.000 Bitcoins im Cold Wallet landete nämlich auf einer Müllkippe. Bis heute hat er diese Festplatte nicht gefunden. Der Wert der darauf befindlichen Bitcoins liegt mindestens im dreistelligen Millionenbereich. Findet er diese Festplatte nicht (und danach sieht es derzeit aus), sind diese Bitcoins für immer verloren. Bitcoins sind daher ein knappes Gut. Diese Knappheit wird weiter befeuert, da immer nach 210.000 Blöcken die Belohnung für die Erzeugung eines neuen Blocks halbiert wird. Das ist das sogenannte Bitcoin-Halving. Alle vier Jahre findet ein weiteres Halving statt: 2024, 2028, 2032 usw. Es wird geschätzt, dass bis zum Jahr 2140 alle Bitcoins geschürft wurden.

Wie ist das Bitcoin Guthaben verteilt?

Das Prinzip hinter der Schöpfung von Bitcoin ist, dass derjenige, der viel Rechenleistung zur Verfügung stellt, mehr neue Bitcoins schürfen kann. Das sorgte am Anfang dafür, dass mit recht wenig Rechenleistung viele Bitcoins geschürft wurden. Durch das erwähnte Bitcoin-Halving reduziert sich die Belohnung für die zur Verfügung gestellte Rechenleistung jedoch immer mehr. Dadurch werden immer weniger Bitcoins erzeugt. Wer also von Anfang an dabei war, hat jede Menge Bitcoins im eigenen Wallet (außer er oder sie hat dieses Wallet verloren, wie besagter Waliser James Howells). Wer zu spät kam, den bestrafte das Leben, wie es so schön heißt. Es wird immer schwieriger, dass ein einzelner Miner Bitcoins mit einem vertretbaren Rechenaufwand schürfen kann. Der Großteil der Bitcoins wird daher von eher wenigen Minern, Unternehmen und Personen gehalten - Ihnen mittlerweile bekannt als Whale.

Ist der Bitcoin anonym oder pseudonym?

Immer wieder wird geschrieben, der Bitcoin sei eine anonyme Währung. Das ist falsch. Bitcoin ist nicht anonym. Eine Bitcoin-Adresse ist ein Pseudonym. Hinter jeder Adresse verbirgt sich der Besitzer der Bitcoins. Wer also rund um diese Bitcoin-Adresse weitere Informationen hat, kann den Besitzer tatsächlich ausfindig machen. Es ist etwa möglich zu prüfen, ob eine Bitcoin-Adresse mehr als einmal eingesetzt wurde und mit welchen anderen Adressen sie Transaktionen durchführte. Das erlaubt eine gewisse Rückverfolgbarkeit von Transaktionen. Sobald der Nutzer hinter einer Adresse gefunden ist, ist es möglich auch die anderen Nutzer zu identifizieren - mit genügend weiteren Informationen. Und das ist gar nicht so schwer, zumindest nicht für entsprechend ausgerüstete Behörden, Institutionen oder Unternehmen. Denn alle Transaktionen sind öffentlich einsehbar. So lassen sich Ketten rückverfolgen und mit der Anonymität ist es schnell vorbei. Und schlussendlich erlauben es die digitalen Spuren, dass illegale Transaktionen bei Bitcoin einfacher rückverfolgbar sind als bei Bargeld - das oft angebrachte Argument, Bitcoin sei schlecht, da er der Geldwäsche dient und für illegale Aktivitäten genutzt wird, ist daher nicht haltbar.

Wie garantiere ich Sicherheit für meine Bitcoins?

Beim Bitcoin verhält es sich, wie bei allen Kryptowährungen: Wer seinen privaten Schlüssel verliert, verliert seine Bitcoins. Wer im Besitz der privaten Schlüssel ist, dem gehören die Bitcoins. Wenn also davon gesprochen wird, dass Bitcoins gestohlen wurden, dann wurden nicht die Bitcoins selbst gestohlen, sondern die privaten Schlüssel wechselten den Besitzer. Werden die Bitcoins später wiederverwendet, ist es möglich, dass sie als gestohlen zugeordnet werden. Strafverfolgungsbehörden können dann ihren Dienst aufnehmen und versuchen, denjenigen zu identifizieren, der die Bitcoins nutzte. Dass das geht, wurde im vorangegangenen Kapitel beschrieben. Generell ist es daher sinnvoll, je nachdem, was Sie mit Ihren

Bitcoins machen möchten, dass Sie sie in einem Cold Wallet verwahren (und dieses bloß nicht verlieren oder auf die Mülldeponie werfen).

KAPITEL 9

Ethereum

Ethereum ist der zweite große Name im Bereich der Kryptowährungen. Dabei handelt es sich um ein System, welches dezentral organisiert ist. Das System erlaubt, dass Smart Contracts auf einer Blockchain angelegt, verwaltet und ausgeführt werden können. Mehr über Smart Contracts lesen Sie im entsprechenden Kapitel. Die Einheit, die Ethereum nutzt, um Transaktionen auf der Blockchain zu verarbeiten, lautet Ether (abgekürzt ETH). Ether konnten bis September 2022 noch geschürft werden, denn der Konsensmechanismus bei Ethereum war bis dahin Proof of Work. Im September 2022 wurde er umgestellt auf Proof of Stake, was dazu führte, dass Ethereum wesentlich energieschonender funktioniert. Die von vielen erhoffte massive Wertsteigerung von Ether trat jedoch nicht ein. Der Kurs veränderte sich nicht nennenswert im Vergleich zur PoW-Zeit. Ethereum selbst stellt eine Blockchain zur Verfügung, auf die diverse andere Projekte zurückgreifen (mehr dazu im Kapitel über Coins und Token). Auf dieser gemeinsamen Blockchain können dann Smart Contracts und dazugehörige

Programm entwickelt werden, die in verschiedenen Branchen und Bereichen genutzt werden. Das erklärt auch, wieso es so viele verschiedene Kryptoprojekte gibt, die alle ihre eigenen Token haben, aber schlussendlich auf Ethereum laufen. Wer am Ethereum-Netzwerk teilnehmen möchte, benötigt einen Client. Mit diesem lädt der Teilnehmer die Transaktionen auf der Blockchain herunter und überprüft diese. Damit nicht die komplette Blockchain heruntergeladen werden muss, bieten einige Clients eine Art Schnellsynchronisation an. Innerhalb von Ethereum existieren diverse Komponenten, die miteinander interagieren. Dazu jedoch später etwas mehr.

Geschichte von Ethereum

Im Jahr 2013 gab es ein allgemein geschriebenes Whitepaper rund um Ethereum. Verfasst wurde es von Vitalik Buterin. Vorgestellt wurde das Whitepaper jedoch erst im Jahr 2014 auf der American Bitcoin Conference. Diese fand im Januar statt und drei Monate später, im April, kamen die formalen und technischen Spezifikationen ans Licht der Öffentlichkeit - veröffentlicht von Gavin Wood. Dieser war, gemeinsam mit Vitalik Buterin, Mitbegründer von Ethereum. Zur selben Zeit gründete sich in der Schweiz die Ethereum Switzerland GmbH (auch als EthSuisse bekannt). Auch im Jahr 2014 gründete sich eine Ethereum Stiftung in der Schweiz, die gleichzeitig als Non-Profit-Organisation auftrat. Dann dauerte es mehr als ein Jahr, bis das Ethereum-Netzwerk startete. Mitte 2015 ging es ans Netz und legte einen glänzenden Start hin. Die Betaversion von Ethereum, Ethereum Frontier, ging dabei Mitte 2015 als Grundgerüst für Ethereum ins Rennen. Ethereum Frontier war dazu da, den damaligen PoW-Mechanismus zu implementieren und Smart Contracts zu ermöglichen. Im Februar 2016 lag die Marktkapitalisierung von Ether bei einer halben Milliarde US-Dollar. Binnen kürzester Zeit verdoppelte sich die Marktkapitalisierung auf eine Milliarde US-Dollar. Das lag auch daran, dass Ethereum Frontier gut funktionierte und die nächste Phase, Homestead eingeleitet wurde. Das sorgte dafür, dass Ethereum fehlerfreier und seine Nutzung immer sicherer wurde.

Im Laufe der Jahre kamen immer mehr Unternehmen hinzu, die entweder aufbauend auf Ethereum oder direkt in Zusammenhang mit Ethereum Dienste anboten. Beispielsweise im Jahr 2017 die Enterprise Ethereum Alliance, bei der sich Banken, Unternehmen, Start-ups und auch Forscher zusammenschlossen. Die Jahre brachten weitere Entwicklungen mit sich: mit den Zielen Metropolis und Serenity. Beide Ziele hatten unterschiedliche Ansprüche: Die Nutzung von Ethereum zu erleichtern und Anwendungen für Endverbraucher entstehen zu lassen. Eines der größten Ziele wurde jedoch im September 2022 erreicht, als Ethereum vom PoW-Mechanismus zum PoS-Mechanismus wechselte. Dieser Schritt wurde lange vorbereitet, ist jedoch ein essenzieller Schritt für die Akzeptanz von Ethereum in der breiten Öffentlichkeit, da PoS wesentlich weniger energieintensiv ist als der PoW-Mechanismus.

Dafür startete Ende 2020 die Beacon-Blockchain, um anhand dieser den PoS-Mechanismus in Verbindung mit Ether zu testen. Knapp zwei Jahre später war es dann soweit und die PoS-Beacon-Blockchain verschmolz mit der PoW-Ethereum-Blockchain. Der gesamte Prozess hypnotisierte die Ethereum-Community zu diesem Zeitpunkt, da bis zum Ende nicht klar war, ob die Umstellung auf PoS auch wirklich gelingen würde. Da dieser Schritt erfolgreich abgeschlossen wurde, ist der Weg frei, Ethereum auch in der breiten Öffentlichkeit zu mehr Akzeptanz zu verhelfen, da das PoS-Verfahren wesentlich umweltfreundlicher ist.

Ethereum im Detail

Die technischen Tiefen des Ethereum-Netzwerks ersparen wir Ihnen an dieser Stelle. Dennoch lohnt es sich, über ein paar Aspekte Bescheid zu wissen, um dieses wichtige Projekt etwas genauer zu verstehen.

Teilnehmer im Ethereum-Netzwerk, die aktiv daran teilnehmen, sind sogenannte Nodes. Ein Node ist dabei ein Computer innerhalb des Netzwerks. Auf diesem Computer befindet sich eine vollständige Kopie der Blockchain (Full Node) oder eine unvollständige Kopie (Light Node). Bis September 2022 gab es noch Mining-Nodes, also Nodes, die Ether schürften. Diese fielen weg, seit Ethereum mit PoS als Konsensmechanismus läuft. Die Hard-Fork vom PoW-Ethereum (also die Abspaltung), sodass der alte PoW-Mechanismus immer noch weitergeführt werden kann, nennt sich Ethereum Classic. Wie sich Ethereum Classic künftig entwickelt, bleibt abzuwarten.

Smart Contracts sind essenzieller Bestandteil von Ethereum. Mehr dazu lesen Sie im entsprechenden Kapitel etwas weiter oben. In direktem Zusammenhang mit Smart Contracts stehen die sogenannten dezentralen Apps (DApps). Sie repräsentieren Programme, die auf allen Nodes ausgeführt werden. Anders als bei Programmen, die auf einem Server ausgeführt werden, sind dezentrale Programme wesentlich weniger anfällig für Fehler und können auch nicht durch Angreifer manipuliert werden. Schließlich müssten diese dann die dezentrale App auf allen Nodes manipulieren, was nahezu ausgeschlossen ist. DApps sind dadurch jedoch langsamer in ihrer Ausführung.

Ein weiteres Konzept bei Ethereum sind sogenannte DAO (dezentrale autonome Organisationen). Diese Organisationen kommen ohne einen Vorstand und Management aus, da ihre Regeln für das Management in einem Smart Contract festgelegt sind. Dieser Smart Contract wird über die Ethereum-Blockchain ausgeführt. Daher richten sich alle Mitarbeitenden der DAO nach diesem Konzept. Die bekannteste DAO ist dabei The DAO – eine autonome automatisierte Firma rund um Ether Investments.

Des Weiteren spielen Ethereum-Protokolle eine große Rolle bei der Generierung von Token anderer Kryptowährungen. Mehr dazu lesen Sie im Kapitel über Coins und Token. Generell gesehen ist Ethereum also der essenzielle Treiber dafür, dass es überhaupt so viele Altcoins gibt.

KAPITEL 10

Altcoins

Bitcoin ist der Urvater der Kryptowährungen. Alle anderen Kryptowährungen, die sich seither entwickelten, sind Altcoins. Der Begriff steht für alternative Coins. Diese Coins sind Nachfolger der ersten Kryptowährung, dem besagten Bitcoin. Selbst der zweite Kryptogigant Ether (aus der Ethereum-Blockchain) ist nichts anderes als ein Altcoin. Mittlerweile gibt es, laut investing.com, etwas mehr als 8.500 verschiedene Kryptowährungen, wobei nicht alle davon reine Zahlungssysteme sind. Die Coins und Token haben in ihrer jeweiligen Blockchain unterschiedliche Aufgaben. Das können Stimmrechte im jeweiligen Netzwerk sein oder die Abbildung eines Gegenwertes (siehe Stablecoins). Es können Kryptowährungen sein, die nur existieren, um eine Transaktionsgebühr in einem Netzwerk zu repräsentieren, die Verträge absichern oder als Zins anderer Kryptowährungen fungieren. Altcoins sind alle an irgendeiner Stelle handelbar (zumeist auf Kryptobörsen) und haben den Wert, den die Anleger bereit sind zu zahlen. Einige Altcoins stammen aus Projekten, die brach liegen. Andere Altcoins dümpeln vor sich hin. Wieder andere Altcoins sind reine Spaßwährungen (wie Dogecoin) und einige Altcoins legen binnen eines Tages Kursgewinne im dreistelligen Bereich hin. Andere wiederum verlieren an einem Tag fast ihren gesamten Wert. Die Welt der Altcoins ist hochriskant und hochspekulativ. Daher nennen viele Kryptocracks den Großteil der Altcoins auch ganz gerne Shitcoin – in Anlehnung an den Bitcoin.

Altcoins werden in Form eines ICO ausgegeben. Die Abkürzung steht für Initial Coin Offering. Unternehmen, deren Geschäftsmodell im Bereich Kryptowährungen angesiedelt ist, sammeln mit diesem ICO Gelder ein, um ihr Projekt voranzutreiben (oder um Anleger um ihre Finanzen zu erleichtern). Die Unternehmen verkaufen bei einem ICO also ihre Kryptowährungen an Anleger, die diese mit ihrem Fiatgeld bezahlen. Was später aus dem jeweiligen Projekt wird, zeigt sich erst im Laufe der Zeit. Das Problem bei ICOs ist, dass diese in der Regel unreguliert stattfinden (wobei es zunehmend Bemühungen gibt, diese zu regulieren, vor allem im US-amerikanischen Raum). Sicherer für Anleger und deren Geld sind STOs. Das steht für Security Token Offerings und unterliegt strengen Regulierungen. Ihnen, als künftiger Kryptoexperte, sollte bewusst sein, dass ICOs hochgefährlich sind, wenngleich sie auch riesige Chancen bieten können. Was von beidem auf Ihre Investition zutrifft, wissen Sie immer erst hinterher. Im Folgenden lesen Sie etwas über einige relevante Stablecoins sowie Kryptowährungen, die, nach

Marktkapitalisierung, immer wieder im vorderen Bereich zu finden sind.

Stablecoins

Ein Stablecoin ist immer an etwas gebunden, also gekoppelt: an eine andere nationale Währung, an eine Vielzahl anderer nationaler Währungen (also einen Korb mit nationalen Währungen) oder auch an ganz andere Vermögenswerte. Es existieren an Fiatwährungen gekoppelte Stablecoins (USDT und USDC), an Kryptowährungen gekoppelte Stablecoins (wBTC oder VAI), an Rohstoffe wie Gold oder Öl gekoppelte Stablecoins (DGX oder XAUT), algorithmische Stablecoins (AMPL oder LUNA - wobei LUNA dem Erdboden gleich gemacht wurde, wie Sie etwas später lesen). Ein Stablecoin ist eine Art Brücke zwischen der realen Welt und der digitalen Kryptowelt.

So ist der zuvor beschriebene Wrapped Bitcoin etwa gebunden an den Wert des Bitcoins. Auch Tether (USDT) ist ein solcher Stablecoin. Tether ist gebunden an den US-Dollar und ist daher genauso viel wert wie ein solcher. Wenn Sie 1 USDT besitzen, dann entspricht das also dem Wert von 1 US-Dollar. Dafür garantiert der Herausgeber (Tether Limited), dass zu jedem im Umlauf befindlichen USDT auch ein tatsächlicher US-Dollar existiert. Da Tether Limited dieses Versprechen in der Vergangenheit jedoch nicht so transparent kommunizierte, wie es wünschenswert wäre, sank das Vertrauen in USDT und ein anderer Stablecoin, USDC (USD Coin vom Herausgeber

Circle), war/ist transparenter in der Kommunikation. Selbst wenn also der US-Dollar als Backup hinter einem Stablecoin steht, hat die herausgebende Institution (die US-Notenbank FED) nichts damit zu tun. Der Herausgeber eines Stablecoins verspricht (und kommuniziert hoffentlich öffentlich), dass der Stablecoin in der realen Welt durch das an ihn gekoppelte Gut/die Währung/den Vermögenswert abgesichert ist.

Generell sind Stablecoins weniger geeignet, um mit ihnen Rendite zu erzielen. Ihr Kurs bleibt oft konstant. Wie ihr Name schon sagt: stable = stabil. Sie eignen sich, wenn Sie Ihr Fiatgeld nicht in einer analogen Währung besitzen möchten, sondern in Form einer Kryptowährung, die Sie dann wieder in die analoge Währung tauschen können, wenn Sie sie benötigen. Auch wenn Sie teilhaben möchten an der Entwicklung von Rohstoffen, können Sie über einen Stablecoin nachdenken, der von Ihrem favorisierten Rohstoff gedeckt ist.

Tether (USDT)

USDT gehört zu den Stablecoins und ist fest gekoppelt an den US-Dollar. Das in Hongkong ansässige Unternehmen Tether Limited gibt ihn seit 2014 aus, wobei er damals noch als Realcoin gehandelt wurde. Die Gründer von Tether Limited waren Brock Pierce, Craig Sellars und Reeve Collins. Letzterer war bis zum Zeitpunkt der Gründung kein aktiver Geschäftsmann in der Kryptowelt, wohingegen die ersteren bereits Erfahrung mit diversen anderen

Kryptoprojekten hatten. USDT nutzt keine eigene Blockchain. Die Token laufen auf den Blockchains von Algorand, Bitcoin und Bitcoin Cash, EOS, Ethereum, OMG sowie Tron.

Tether Limited gibt an, dass sie über diverse Einlagen, Bargeld und sonstige Finanzinstrumente verfügt, die in ihrem US-Dollar-Wert der Anzahl an USDT entsprechen – hierdurch soll jeder USDT durch einen US-Dollar gedeckt sein. Tether Limited gibt zudem an, dass immer dann, wenn neue USDT Token ausgegeben werden, diese auch mit entsprechenden Einlagen gedeckt sind. Es gibt daher kein Limit bezüglich der Menge an USDT, die in Umlauf geraten können. Rein theoretisch können so viele USDT existieren, wie es US-Dollar gibt. Dennoch ist es so, dass nur Tether Limited selbst bestimmt, wie viele USDT sie ausgeben. Prinzipiell ist die Menge daher immer gekoppelt an die eigenen Geldvorräte des Unternehmens.

Ziel von USDT ist, dass der stabile Wert vom US-Dollar mit den Vorzügen von Kryptowährungen gekoppelt wird. Diese werden ohne einen Mittler von Nutzer zu Nutzer gesendet. Somit stellt USDT eine kaum volatile Kryptowährung dar und eignet sich daher auch als eine Wertanlage. Dennoch ist Tether Limited nicht frei von Kritik, denn die Art der Kommunikation des Unternehmens und die intransparenten Aussagen rund um die vorhandenen Einlagen, führten in der Vergangenheit zu großem Misstrauen. Selbst wenn Tether Limited all dies aus dem Weg räumen konnte, bleiben immer noch Zweifel. Anleger, die ebenso zweifeln, können sich daher anderen Stablecoins zuwenden, deren Herausgeber transparenter kommunizieren.

USD Coin (USDC)

USD Coin ist ebenfalls ein Stablecoin, der fest an den US-Dollar gekoppelt ist. Er wird seit 2018 ausgegeben und ist durch Bargeld und US-Staatsanleihen gesichert. Der USDC folgt demselben Ziel wie USDT und bietet ebenfalls Schutz vor der hohen Volatilität im Kryptobereich bei gleichzeitigem Schutz für die Anleger. Das führt schlussendlich natürlich dazu, dass weder mit USDT noch mit USDC massive Renditen möglich sind - doch das ist auch nicht das Ziel. USDC wurde in Form eines Konsortiums von Coinbase und Circle gegründet. Circle ist ein Zahlungsdienstleister und Coinbase eine Kryptobörse. Beide haben kein Problem damit, wenn sich andere Unternehmen diesem Konsortium anschließen, was bisher jedoch nicht geschehen ist.

Die USDC-Token laufen auf der Ethereum-Blockchain und sind ERC20-Token. Das hat den Vorteil, dass sich die Token sehr einfach in DApps einbinden lassen, die ebenfalls auf dieser Blockchain laufen. Das wiederum sichert eine breite Anwendungspalette bezüglich der Zahlung mit USDC.

Im Gegensatz zu USDT ist die Kommunikation bei USDC transparenter. Die Reserven in US-Dollar, die USDC absichern, sind offengelegt, geprüft und werden ständig überwacht. Dies ermöglicht den Anlegern, tatsächlich in einen sicheren Stablecoin investieren zu können. Dies liegt nicht nur daran, dass Coinbase und Circle ohnehin sämtliche regulatorischen Anforderungen erfüllen, sondern auch, dass beide Unternehmen über eine solide Finanzbasis verfügen. Das färbt schlussendlich auch auf USDC ab. Genauso wie die enge Verknüpfung mit traditionellen Finanzinstitutionen (BlackRock, Fidelity und weitere). Auch das macht USDC zu einem Stablecoin, der sich von anderen abhebt, egal, wie die Anleger nun zu diesen Finanzinstituten stehen.

Binance Coin (BNB)

Binance ist eine der größten, wenn nicht sogar die größte, Kryptobörse weltweit. Binance existiert seit dem Jahr 2017 und wurde von Changpeng Zhao gegründet. Seitdem baute Binance ein großes Ökosystem auf, in dem Nutzer der Kryptobörse diverse Aktivitäten ausführen können. Damit die Binance-Chain und Smart Chain, die Academy, das Wallet und weitere Projekte funktionieren, gab Binance den Binance-Coin BNB aus. Der Gründer ist seit 2013 im Bereich der Blockchain-Technologie aktiv und brachte auch 2017 bereits entsprechendes Wissen mit, um Binance zum Erfolg zu führen.

BNB begann als ERC20-Token, der auf der Ethereum-Blockchain lief. Später implementierte Binance eine eigene Blockchain, die über den PBFT-Konsensmechanismus funktioniert. Die Binance-Blockchain unterstützt jedoch keine Smart Contracts, was sie von der Ethereum-Blockchain unterscheidet.

Der große Vorteil von Binance, und damit auch dem Binance-Coin, ist, dass es sich um mehr als eine reine Kryptobörse handelt. Das Ziel von Binance ist ein Anbieter von Infrastruktur und Services zu werden, die sich in einem großen Blockchain-Ökosystem abspielen. Das zielt darauf ab, dass Binance weitere Standbeine aufbaut, was sich schlussendlich positiv auf den Erfolg von BNB auswirkt. Schließlich ist sein Kurs dann nicht mehr nur abhängig davon, ob die Kryptobörse Binance erfolgreich ist, sondern davon, wie sich die anderen Standbeine entwickeln.

Binance verbrennt immer wieder eigene BNB, um einer Inflation der Coins entgegenzuwirken. Dies geschieht vierteljährlich. Dieser Vorgang ist nicht selten und wird auch in anderen Kryptoprojekten durchgeführt. Dabei nutzt Binance zwei verschiedene Mechanismen. Auf der einen Seite verbrennt Binance einen Teil der Token, die im Rahmen von Transaktionsgebühren auf der BNB-Blockchain anfallen. Auf der anderen Seite gibt es feste vierteljährliche Coin-Burns, die automatisiert ablaufen. Insgesamt ist die maximale Anzahl von BNB festgelegt auf 200.000.000 Coins. Der Großteil davon (über 160.000.000) ist bereits im Umlauf. Ziel von Binance ist, durch die Coin-Burns schlussendlich 100.000.000 BNB im Umlauf zu haben.

Vor einer Investition in BNB sollten interessierte Anleger jedoch verfolgen, wie die Ermittlungen der CFTC

(Commodity Futures Trading Commission) sowie der US-Börsenaufsicht SEC verlaufen. Seit 2023 wird gegen Binance ermittelt und es laufen bereits Anklagen. Je nachdem, wie diese verlaufen, kann das Auswirkungn haben auf BNB sowie BUSD.

Binance USD (BUSD)

Binance gibt nicht nur den BNB aus, sondern hat auch eine andere Währung im Portfolio. Der Binance USD wird seit 2019 von Binance und seinem Partner Paxos ausgegeben und stellt einen ERC20-Stablecoin dar, der komplett durch den US-Dollar gedeckt ist. Er ist durch das NYDFS autorisiert und reguliert (das New York State Department of Financial Services). Seit 2021 wächst das gesamte Ökosystem rund um den BUSD exponentiell an. Die Marktkapitalisierung stieg dabei überproportional. Das führte dazu, dass der BUSD hinter dem USDT, USDC und TUSD zum viertgrößten Stablecoin avancierte. Das lag auch daran, dass der BUSD auf immer mehr Plattformen handelbar ist und auch Hardware Wallets diesen Coin nativ unterstützen. Das ist beim USDT und USDC schon länger der Fall.

Nach dem Absturz von Terra LUNA sahen sich einige Stablecoin-Anbieter gezwungen, offen zu kommunizieren, wie die Stablecoins tatsächlich abgesichert sind. Auch Paxos tat dies und offenbarte, dass 96 Prozent der BUSD Deckung in Form von Bargeld oder Bargeld-ähnlichen Assets vorliegen, während die restlichen 4 Prozent in US-Staatsanleihen stecken. Die Wahl der US-Dollar gesicherten Stablecoins fällt dadurch nicht leichter, denn immerhin befinden sich zwei im Rennen der Top Ten nach Marktkapitalisierung und zwei weitere in den Top 30. An dieser Stelle sollten interessierte Anleger auf das Kommunikationsverhalten der ausgebenden Unternehmen schauen.

XRP/XRP Ledger (XRPL)

Im Jahr 2021 wurde XRP Ledger eingeführt und damit auch die native Währung XRP. Die Technologie ist vor allem schnell, günstig und hoch skalierbar. Außerdem ist XRP Ledger energetisch sehr effizient, was es von anderen Projekten mit dieser Marktkapitalisierung unterscheidet. Zudem gibt es auf XRP Ledger die erste Kryptobörse, die dezentral funktioniert. Das gesamte Projekt startete im Jahr 2012 und wurde von David Schwarz, Jed McCaleb und Arthur Britto gegründet. Im selben Jahr gründeten die drei das Unternehmen Ripple Labs - zusammen mit Chris Larsen. XRP Ledger ist vor allem interessant für Zahlungen (auch Mikrozahlungen), DeFi und NFTs.

Die Firma Ripple Labs hat seitens XRP Ledger 80 Milliarden XRP erhalten, um entsprechende Anwendungsfälle aufzubauen, die sich im Bereich des digitalen Vermögens befinden. Ripple Labs hat dazu etwa das Zahlungsnetzwerk RippleNet im Einsatz. Ripple Labs selbst hat im Kryptobereich jedoch ein Novum gestartet: Es gibt seit geraumer Zeit einen Streit um die Stellung von XRP. Die

US-amerikanische Börsenaufsicht SEC sieht in XRP ein Wertpapier. Ripple Labs sieht das nicht so. Die Klage, die die SEC Ende 2020 einreichte, bezog sich auf den Handel mit XRP im Wert von mehr als 1 Milliarde US-Dollar. Viele Unternehmen, die sich bei ähnlich gearteten Fällen mit der SEC stritten, einigten sich schlussendlich auf einen Vergleich. Ripple Labs ließ es jedoch darauf ankommen und wollte dies gerichtlich klären. Der Ausgang des Prozesses ist noch nicht klar, wenngleich XRP im Jahr 2023 in einigen Punkten siegesreich davonging. Doch egal, wie er schließlich ausgeht: Es wird Konsequenzen haben für den Kryptobereich. Entweder werden andere Kryptoprojekte ebenfalls gegen die SEC aufbegehren (wenn Ripple Labs gewinnt) oder aber die SEC wird einen Regulierungswahn vom Zaun brechen (wenn die SEC gewinnt).

Cardano (ADA)

Cardano ist eine im Jahr 2017 gegründete Open-Source Blockchain, die auf Basis von Proof of Stake funktioniert. Generalistisches Ziel von Cardano ist eine Gesellschaft, die sicher, transparent und fair agiert. Das ist natürlich sehr grob umrissen und kann vielfältig ausgelegt werden. Der Name ist abgeleitet von Gerolamo Cardano, einem italienischen Arzt, Philosophen und Mathematiker aus dem 16. Jahrhundert. Der Token, den Cardano ausgibt, nennt sich ADA. Sein Name geht zurück auf den Mathematiker aus dem 19. Jahrhundert: Ada Lovelace, der weltweit als einer der ersten Computer-Programmierer bekannt ist. Generell bezieht sich alles rund um Cardano immer auf Mathematiker. So haben auch die Upgrades der Blockchain immer einen namentlichen Bezug zu Mathematikern. Cardano wurde von Charles Hoskinson gegründet. Er war auch an der Gründung von Ethereum beteiligt.

Der ADA-Token besitzt ein Stimmrecht. Diejenigen, die ihn halten, haben also das Recht darüber abzustimmen, in welche Richtung sich Cardano entwickeln soll. Das führte dazu, dass bis dato bereits - laut Cardano - diverse Anwendungsfälle existieren, die die Cardano-Technologie nutzen. Vor allem im Agrarbereich wird Cardano genutzt. Wenn es darum geht, die Lieferketten vom Feld bis auf den Teller nachzuvollziehen, ist Cardano im Einsatz. Cardano gibt an, dass das Maximum an ADA 45 Milliarden beträgt. Bis dato sind mehr als 30 Milliarden ADA im Umlauf.

Bevor Ethereum zu einer Proof-of-Stake-Blockchain wurde, war Cardano eine der größten derartigen Blockchains. Das änderte sich mit dem Übergang von Ethereum von Proof of Work zu Proof of Stake. Dieses Alleinstellungsmerkmal verlor Cardano daher. Dennoch ist ein großer Vorteil von Cardano, dass die auf der Blockchain entwickelten Prozesse akribisch überprüft werden. Sie werden nicht einfach der Öffentlichkeit preisgegeben, sondern vorher ausgiebig getestet. Das sorgt für eine stabile und robuste Blockchain. Diverse Hard-Forks (also Abspaltungen von der Blockchain) fanden bis dato statt, sodass sich diese immer weiter verbesserte und mehr und mehr Funktionalitäten hinzukamen.

Solana (SOL)

Solana ist ein Open-Source-DeFi-Projekt, gegründet vom ehemaligen Qualcomm und DropBox-Mitarbeiter Anatoly Yakovenko sowie einem Qualcomm Kollegen, Greg Fitzgerald. Solana startete im Jahr 2017, doch bis 2020 befand es sich in der Entwicklung. Erst dann erblickte es wirklich das Licht der Öffentlichkeit und wird von der Solana Stiftung getragen, die ihren Sitz in Genf hat. Solana hat das Ziel, die Erstellung von DApps zu erleichtern und die Skalierbarkeit zu verbessern. Dafür werden zwei Konsensmechanismen genutzt: Der Proof-of-History- und der Proof-of-Stake-Mechanismus. Dies ist eine Innovation im Blockchain-Bereich, weshalb Solana eine breite Masse unterschiedlicher Investoren anlockt – kleinere Trader genauso wie institutionelle Trader. Mehr zum Proof-of-History-Mechanismus lesen Sie etwas weiter oben. Der hauptsächliche Fokus von Solana liegt darin, dass DeFi verbreitet wird.

Solana ist so innovativ, da der Proof-of-History-Konsensmechanismus das gesamte Konstrukt schnell skalierbar macht. Das zeigt sich schon allein in der unglaublich schnellen Prozesszeit, in der Transaktionen auf Solana abgewickelt werden. Gleichzeitig fallen sehr geringe Gas-Gebühren an, die – laut Versprechen von Solana – nicht erhöht werden. Das macht Solana interessant für eine Vielzahl von unterschiedlichen Anlegern. Schlussendlich macht das Solana auch zu einem ernst zu nehmenden Konkurrenten für andere Projekte. Hier und da werden

Vergleiche mit etablierten Zahlungsdienstleistern vorgenommen, etwa: "Solana sei das VISA der Kryptowelt".

Die Solana Stiftung gab an, dass 489 Millionen Token der Solana-eigenen Währung SOL herausgegeben werden. Mehr als 250 Millionen Token sind bereits ausgegeben. Einen großen Einbruch im Kurs erlebte Solana nach der Insolvenz von FTX. Mit der Börse existierte eine Allianz, die Solana nach dem FTX-Fall negativ beeinflusste.

Dogecoin (DOGE)

Der Dogecoin basiert auf dem im Jahr 2013 populären Internet Meme Doge. Das Meme basierte auf dem Shiba Inu Hund Kabosu in Verbindung mit einem in Comic Sans geschriebenen Text. (Verwechseln Sie den Dogecoin jedoch nicht mit dem Projekt Shiba Inu, welches SHIB als Währung ausgibt). Billy Markus und Jackson Palmer gründeten daraufhin die digitale Open-Source-Währung Dogecoin und führten mit ihr einen Hard-Fork von der Litecoin-Blockchain durch. Beide Gründer fanden es eine gute Idee, eine auf einem Hund basierte Alternative zum Bitcoin zu generieren. Viel mehr stand nicht hinter dem Projekt. Dann kam Elon Musk, der CEO von Tesla. Der twitterte Anfang 2021 fleißig und verhalf dem Dogecoin somit viele Jahre später zu massiver Aufmerksamkeit. Das führte auch zu einem immensen Kursanstieg, der jedoch wieder verpuffte, als Elon Musk sein Interesse verlor und weniger über DOGE twitterte.

Zwar entwickelte sich schon vor Elon Musks Twitter-Tiraden eine gemeinnützige Dogecoin Stiftung (im Jahr 2014), doch diese löste sich auf, bis sie 2021 wieder aktiviert wurde. Ihr Ziel ist, das Dogecoin-Ökosystem auf Basis einer Dogecoin-Blockchain aufzubauen. Innerhalb dieser Gruppe befinden sich nicht nur der Gründer Billy Markus, sondern auch Max Keller (ein Developer im Dogecoin-Ökosystem), Vitalik Buterin (Gründer von Ethereum) sowie Elon Musk, der jedoch vertreten wird durch Jared Birchall. Alle erfüllen unterschiedliche Aufgaben im Rahmen des Dogecoin-Projektes.

Dogecoin wird geschürft und ist unendlich verfügbar. Auf der Website von Dogecoin wird dies zwar etwas anders beschrieben, doch wer es genau interpretiert, merkt, dass der Coin nicht nach oben gedeckelt ist. Die Website spricht davon, dass jeden Tag, jede Woche, jeden Monat, jedes Jahr nur eine bestimmte Anzahl an Dogecoins ausgegeben werden kann. Daher ist der Coin natürlich limitiert. Es gibt jedoch kein Enddatum für die Ausgabe. Das heißt, der Dogecoin ist unendlich limitiert. Im Prinzip endet seine Existenz dann, wenn das Projekt aufgegeben wird. Dogecoin argumentiert damit, dass ein gedeckeltes Netzwerk dann unsicher und angreifbar wird, sobald alle Coins geschürft wurden. Bei Bitcoin wird dieser Fall ungefähr im Jahr 2140 eintreten, bei Dogecoin wird dies nie der Fall sein.

Weitere Altcoins

Natürlich hört die Welt der Altcoins nicht bei den Top Ten nach Marktkapitalisierung auf. Viele Projekte sind in ihren jeweiligen Bereichen erfolgreich oder werden noch erfolgreich werden. Gerade Projekte, die im medizinischen Bereich angesiedelt sind, haben gute Chancen, langfristig erfolgreich zu werden. Das Problem im medizinischen Bereich ist nur, dass die Entwicklung in der Gesundheitswelt sehr langsam von statten geht, was sich schlussendlich auch auf Kryptoprojekte in diesem Bereich auswirkt. Einige Altcoins mit Potenzial sind:

Toncoin (TON): Das Projekt wurde vom Telegram-Messenger-Team entwickelt, spaltete sich dann jedoch ab. Aus dem Telegram Open Network wurde das The Open Network. Ziel des Projektes ist, dass ein App entsteht, die es Nutzern erlaubt, schnell und einfach Geld zu transferieren.

Polkadot (DOT): Das Projekt möchte Blockchain-übergreifende Transaktionen möglich machen und ist somit ein Verbindungsglied zwischen unterschiedlichen Blockchains.

Cosmos (ATOM): Das Projekt agiert ähnlich wie Polkadot und möchte erreichen, dass mehr Blockchains miteinander vernetzt werden können.

Quant (QNT): Das Projekt ähnelt Polkadot und Cosmos, legt jedoch Wert darauf, dass die Geschwindigkeit bei den

Transaktionen zwischen den Blockchains nicht verloren geht, nur weil diese mittels Quant vernetzt sind.

Avalanche (AVAX): Das Projekt zielt darauf ab, Ethereum im Bereich der Smart Contracts abzulösen. Das möchte es erreichen, indem die Anzahl an Transaktionen erhöht wird, die über Avalanche ablaufen.

Litecoin (LTC): Neben dem Bitcoin, ist der Litecoin die zweite reine Kryptowährung, die keinen anderen Zweck erfüllt, als dass man mit einem Litecoin zahlen kann. Die Akzeptanz von Litecoin ist sehr hoch, weshalb es sich lohnt, das Projekt im Auge zu behalten.

Chainlink (LINK): Das Projekt erlaubt es Blockchains mit anderen Anwendungen außerhalb der Blockchain zu interagieren. So lassen sich Datenbestände, die nichts mit der Blockchain zu tun haben, in Smart Contracts integrieren.

Monero (XMR): Bei Monero geht es einzig und allein um anonyme und private Zahlungen, die nicht nachvollziehbar sind.

ZCash (ZEC): Ähnlich wie Monero, möchte auch ZCash anonyme und absolut private Zahlungen ermöglichen.

VeChain (VET): Ziel von VeChain ist die Disruption in traditionellen und sich langsam ändernden Branchen. Gerade beim Neudenken von industriellen Lieferketten möchte VeChain vorne mitspielen.

Filecoin (FIL): Das Ziel von Filecoin ist, dass Daten in der Cloud gespeichert werden können, jedoch dezentral. Anders als zentrale Cloud-Anbieter möchte Filecoin es ermöglichen, dass die Integrität von Daten gesichert ist.

Hedera Hashgraph (HBAR): Das Projekt basiert nicht auf einer klassischen Blockchain, sondern nutzt eine weiter entwickelte Technologie, um die üblichen Blockchain-Probleme (Skalierbarkeit, Gas-Gebühren und Geschwindigkeit) zu lösen. Dennoch arbeitet auch Hedera Hashgraph nach demselben Prinzip und setzt Nodes ein, die Transaktionen bestätigen.

IOTA (MIOTA): IOTA ist keine Blockchain, sondern, ähnlich wie Hedera Hashgraph, ein anderes System, um Blockchain-Probleme zu lösen. IOTA nutzt dabei das sogenannte Tangle. Dies heißt übersetzt soviel wie „Durcheinander". Im IOTA Protokoll werden die Informationen nicht in Blöcken, sondern in Knotenpunkten im Tangle gespeichert. Ziel von IOTA ist, auch wieder ähnlich wie bei Hedera Hashgraph, dass Blockchain-Probleme gelöst werden.

Elrond (EGLD): Das Projekt will die Geschwindigkeit, in der Transaktionen ablaufen, revolutionieren. Dafür nutzt Elrond das sogenannte Sharding. Auch Ethereum möchte Sharding in Zukunft einführen, sodass interessant bleibt zu sehen, wie Elrond darauf reagieren wird.

Aave (AAVE): Das Projekt basiert darauf, eine Möglichkeit zu bieten, dass sich andere Menschen untereinander Kryptowährungen leihen können.

Neo (NEO): Neo hat hohe Ansprüche an sich selbst, denn das Projekt möchte Vorreiter bei der nächsten Internet-Generation sein. Das zeigt sich daran, dass die Blockchain von Neo permanent entwickelt wird und nicht stillsteht. Neo selbst definiert dies jedoch nicht exakt, sondern wirbt damit, dass es interoperabel ist, dezentral, mit Smart Contracts arbeitet oder eine eigene Entwicklungsumgebung bereitstellt.

Klaytn (KLAY): Das Projekt agiert im Metaversum und in der Games-Branche. Das Metaversum ist dabei die virtuelle Welt, in der sich Menschen treffen. Klaytn möchte Teil dieser virtuellen Welt sein und bietet für alles, was künftig dort geschehen könnte eine Blockchainlösung. Da das Metaversum und Gaming künftig wohl eine immer größere Rolle spielen wird, ist anzunehmen, dass Klaytn davon profitiert.

PancakeSwap (CAKE): Das Projekt zeichnet sich dadurch aus, dass Anleger ihre eigenen Coins und Token in einen Pool werfen können und dadurch CAKE generieren. Dadurch, dass sie ihre Coins und Token bereitstellen, entsteht Liquidität, die an anderer Stelle benötigt wird.

Lido DAO (LDO): Lido DAO schloss das Problem, dass Ethereum nicht zum Staken geeignet war. Inwiefern sich Lido DAO von diesem Alleinstellungsmerkmal verabschiedet, seit Ethereum von Proof of Work zu Proof of Stake überging, ist noch nicht absehbar. Es ist möglich, dass Lido DAO massiv davon profitiert, dass Ethereum nun auch zum Staken geeignet ist. Genauso ist es möglich, dass Lido DAO verschwindet, da Nutzer nun nicht mehr den Umweg gehen müssen und ihre Ether selbst staken können.

DAI (DAI): DAI ist ein weiterer Stablecoin, der durch den US-Dollar gestützt ist. Er läuft auf der Ethereum-Blockchain.

Polygon (MATIC): Polygon verwandelt die Ethereum-Blockchain in ein vollwertiges Multi-Chain-System ähnelt Systemen wie Polkadot, Cosmos oder Avalanche.

KAPITEL 11

Die richtigen Kryptowährungen für den Start

Sie kennen nun die beiden stärksten Kryptowährungen, haben schon über einige Altcoins gelesen und verfügen nun über ein umfangreiches Wissen zur Sicherheit, Aufbewahrung und Funktionsweise von Kryptowährungen. Jetzt wird es Zeit, sich damit zu beschäftigen, in welche Kryptowährungen Ihre Investitionen fließen sollten. Machen Sie am Anfang nicht den Fehler und kaufen Sie unbedarft ein, was Ihnen über den Weg läuft. Starten Sie ruhig mit „sicheren" Kryptowährungen und eignen Sie sich dann im Laufe der Zeit mehr Wissen an, um auch in „unsicherere" Projekte zu investieren. So gehen Sie vor, um an Anfang die richtigen Kryptoprojekte zu finden:

1. Schauen Sie auf CoinMarketCap (https://coinmarketcap.com) vorbei und rufen Sie die Tabelle mit der Übersicht über alle möglichen Kryptowährungen auf.Dort lassen Sie sich diese Tabelle nach

der aktuellen Marktkapitalisierung der jeweiligen Währung sortieren. Dieser Wert gibt Ihnen an, wie viel die derzeit im Umlauf befindlichen Einheiten einer Kryptowährung wert sind. Ein Beispiel:

Nehmen wir an, der Bitcoin hat einen Kurs von 10.000 US-Dollar. Derzeit sind bereits 17.000.000 (von 21.000.000) Bitcoins geschürft und befinden sich im Umlauf. Die Marktkapitalisierung von Bitcoin beträgt dann 10.000 x 17.000.000, also 170.000.000.000 US-Dollar.

2. Für den Anfang schauen Sie sich diejenigen Kryptowährungen an, die sich in den Top Ten befinden. Das sind die Kryptowährungen mit der höchsten Marktkapitalisierung und in der Regel auch diejenigen, in die das meiste Geld von Anlegern geflossen ist. Zu den Anlegern zählen auch institutionelle Anleger. Diese haben meist ein breiteres und tieferes Fachwissen über die einzelnen Kryptoprojekte und werden ihre Unmengen an Geld kaum in „gefährliche" oder unseriöse Projekte stecken. Für Sie heißt das, dass die Währungen in den Top Ten das Vertrauen von vielen Anlegern genießen.
3. Für den Beginn suchen Sie sich daher am besten Coins und Token nach diesem Vorgehen aus. Natürlich sollten Sie sich weiter informieren über das Projekt, in das Sie investieren, sodass Sie wissen, wie Sie Ihre Investition verteilen.

4. Im Laufe der Zeit können Sie sich auch Projekte außerhalb der Top Ten anschauen. Sie erkennen an der Marktkapitalisierung, wie viel Anleger-Vertrauen in diesen Projekten steckt und müssen dann für sich selbst entscheiden, wie risikofreudig Sie sind.

Zum Zeitpunkt der Entstehung dieser Lektüre sah die Tabelle auf CoinMarketCap folgendermaßen aus:

1. Bitcoin (BTC) 527,124,239,868 US-Dollar Marktkapitalisierung
2. Ethereum (ETH) 195,630,700,294US-Dollar Marktkapitalisierung
3. Tether (USDT) 83,175,618,336 US-Dollar Marktkapitalisierung
4. BNB (BNB) 33,213,453,173 US-Dollar Marktkapitalisierung
5. XRP (XRP) 27,177,146,226 US-Dollar Marktkapitalisierung
6. USD Coin (USDC) 26,021,087,533 US-Dollar Marktkapitalisierung
7. Cardano (ADA) 8,856,476,465 US-Dollar Marktkapitalisierung
8. Dogecoin (DOGE) 8,762,110,935 US-Dollar Marktkapitalisierung
9. Toncoin (TON) 8,579,177,802 US-Dollar Marktkapitalisierung
10. Solana (SOL) 8,248,438,395 US-Dollar Marktkapitalisierung

Am Coin auf Platz 8 sehen Sie, wieso Sie sich dennoch über das jeweilige Projekt informieren müssen. Der Dogecoin ist eine Spaßwährung hinter der (aus Sicht des Autors dieses Buches) kein ernsthaft tragfähiges Projekt steckt. Elon Musk (Geschäftsführer von Tesla) hob den Wert von DOGE dadurch in die Höhe, dass er immer wieder darüber sprach und auch investierte. Doch nur weil ein Prominenter über ein Projekt spricht, heißt das noch lange nicht, dass es tragfähig für die Zukunft ist. Auch weil der Autor eines Buches nicht viel von einem Projekt hält, heißt nicht, dass das Projekt kein Potenzial hat. An dieser Stelle müssen Sie in den sauren Apfel beißen, und das Projekt für sich selbst bewerten. Weitere Coins in den Top Ten sind XRP und USDT. Doch die Kommunikation vonseiten XRP (von Ripple Labs) und USDT (von Tether) ist/war nicht so transparent, wie Sie es sich wünschen sollten, wenn Sie viel Geld in diese Projekte stecken. Schlussendlich war lange Zeit auch LUNA (von Terraform Labs) in den Top Ten – bis es einen massiven Kurseinbruch gab, über den wir später im Buch noch sprechen. Daher müssen Sie unbedingt selbst recherchieren.

KAPITEL 12

Können Sie mit Kryptowährungen reich werden?

Sie kennen nun die Nachteile von Kryptowährungen und wissen, wenn Sie den Vergleich zu Fiatgeld und Co aufmerksam gelesen haben, wo die Fallstricke liegen. Sie kennen aber auch die positiven Seiten. Die Antwort auf die Frage, ob Sie nun reich werden können mit Kryptowährungen oder nicht, lautet also, wie so oft im Leben: Jein.

Sie hätten mit dem Bitcoin reich werden können, hätten Sie früh investiert. Gleiches gilt für Ethereum. Sie hätten bei Terra LUNA (siehe letztes Kapitel) Ihr komplettes Geld verlieren können, hätten Sie alles investiert. Hätte, hätte, hätte. Sie werden immer erst im Nachhinein sehen, ob sich eine Investition gelohnt hat oder nicht. Beim Bitcoin dauerte es 8 Jahre (2009 bis 2017), bis sich die Besitzer der ersten Bitcoins richtig freuen konnten. Haben Sie es ausgehalten, Ihre Bitcoins bis 2021 zu halten, dann war die Freude nochmals wesentlich höher. Es hat also (bisher) 12 Jahre gedauert, bis aus einem Investment in Bitcoins ein Millionen- bis Milliarden-Gewinn wurde. Wer weiß, wie diese Zeilen in 20 Jahren lauten müssen. Vielleicht ist der Bitcoin bis dahin unter 100 US-Dollar wert oder er liegt bei den 500.000 US-Dollar, die von einigen Finanzexperten prognostiziert werden. Bei Ethereum sah (und sieht) es ähnlich aus, wenn auch nicht in dem Ausmaß, wie das bei Bitcoin der Fall war. Lange Rede, kurzer Sinn: Sie werden jetzt nicht wissen, ob Sie mit Kryptowährungen reich werden. Jeder, der Ihnen etwas anderes erzählt, meint es nicht gut mit Ihnen.

Sie können die Chancen erhöhen, mit Kryptowährungen reich zu werden, wenn Sie in Ihrem Portfolio eine Diversifikation vornehmen und Geduld haben. Das Konzept kennen Sie von der Investition in Aktien. Auch bei Kryptowährungen sollten Sie über eine regelmäßige Investition nachdenken (etwa in Form eines Sparplans) – so kaufen Sie bei Kurseinbrüchen und Kursraketen und am Ende machen Ihnen Schwankungen immer weniger aus. Der große Vorteil von Kryptowährungen ist, dass Sie auch mit Kleinstbeträgen dabei sein können. Selbst wenn Sie jeden Monat nur 10 Euro investieren, kann sich das irgendwann auszahlen. Auch dieses Konzept kennen Sie aus der Aktienwelt. Sie müssen sich zudem gut informieren und schlussendlich auch ein wenig Bauchgefühl hineinbringen: Welches Potenzial trauen Sie einem bestimmten Kryptoprojekt mittel- oder langfristig zu?

Welches Projekt scheint so destruktiv für eine Branche zu sein, dass es diese komplett über den Haufen wirft? Welche externen Faktoren könnten dieses Projekt beeinflussen? Über diese Fragen müssen Sie sich im Klaren sein, wenn Sie in ein Projekt investieren. Haben Sie ein gutes Gefühl und haben Sie gut recherchiert, dann haben Sie Ihrerseits zumindest alles richtig gemacht. Lassen Sie sich aber nicht emotional überwältigen. Ein Kryptoprojekt, das zu gut über sich selbst berichtet, um wahr zu sein, sollten Sie skeptisch betrachten.

Betrachten Sie bei Ihrer Recherche vor allem den Aspekt der Konsensmechanismen. In der breiten Öffentlichkeit sind Kryptowährungen noch immer verschrien als Energiefresser. Sie wissen nun, dass das natürlich nicht auf alle Kryptowährungen zutrifft, sondern maßgeblich auf die, die den Proof-of-Work-Konsensmechanismus einsetzen. Sie wissen aber auch, dass Sie das PoW-Projekt genauer anschauen müssen, um herauszufinden, ob die Energie aus fossilen oder erneuerbaren Energieträgern kommt. Eventuell ist das Projekt auch so klein, dass der Energiebedarf keine Rolle spielt im Vergleich zum Nutzen des Projektes. Jeder, der an der Kryptowelt interessiert ist und sich näher mit ihr auseinandersetzt, weiß, dass die Bewertung „gut oder schlecht" nicht oberflächlich geschehen kann (wie eigentlich niemals im Leben). Aber die breite Öffentlichkeit denkt nun mal anders. In den kommenden Jahren (und vielleicht Jahrzehnten) werden Sie mit dieser Öffentlichkeit umgehen und sie ganz besonders auch in Ihrer Investitionsstrategie berücksichtigen müssen. Das heißt – und dieser Tipp ist nicht generalistisch zu betrachten, sondern muss immer individuell betrachtet werden: Sie sollten überlegen, ob Sie in PoW-Projekte investieren. Diese werden es gegebenenfalls mittelfristig schwerer haben, in der öffentlichen Wahrnehmung positiv dazustehen. PoS-Projekte werden es diesbezüglich leichter haben, doch solange die Öffentlichkeit Kryptowährungen über einen Kamm schert, wird es auch diesen schwer gelingen. Wie überall bei disruptiven und technologisch bedeutenden Neuerungen benötigt es Zeit, bis diese akzeptiert werden.

Und dann ... diversifizieren Sie. Wie auch bei Aktien sollten Sie keinesfalls in nur eine einzige Kryptowährung investieren. Streuen Sie Ihr Geld. So fangen gut laufende Kryptoprojekte die schlecht laufenden auf. Einige Beispielportfolios sehen Sie etwas weiter unten. Bleiben Sie vor allem auch am Ball – abonnieren Sie Newsletter und bleiben Sie informiert über die Projekte, in die Sie investiert haben. Haben Sie irgendwann das Gefühl, dass etwas nicht stimmt, bleiben Sie wachsam. In der Welt der Kryptowährungen gibt es sehr viel schneller Totalabstürze von Kursen als bei Aktien. Andersherum ist es natürlich genauso. Sie können aber auch davon ausgehen, dass der gesamte Kryptomarkt ähnlich agiert. Daher müssen Sie den Überblick behalten. Als Terra LUNA auf nahezu Null abstürzte, riss das den gesamten Markt nach unten, selbst wenn Terra LUNA nichts mit den anderen Kryptowährungen zu tun hatte. Doch das verloren gegangene

Vertrauen der Anleger, spiegelt sich auch in den Kursen anderer Währungen wider.

Beispielportfolio vom Coin Bureau

Ein bekanntes Portfolio liefert Guy, der Crypto Guy vom Coin Bureau – ein britischer Krypto Influencer, der auf YouTube mehr als 2 Millionen Follower hat und sich in aller Tiefe mit dem Thema Kryptowährungen auseinandersetzt. Der Mann und sein Team haben so viel Know-How im Kryptobereich, dass es sich definitiv lohnt, sein Portfolio näher zu betrachten. Er variiert die Werte natürlich immer wieder und zu dem Zeitpunkt, an dem Sie diese Zeilen lesen, hat sich das Portfolio auch wieder geändert, doch das Grundkonzept sollte noch immer ähnlich sein:

Ethereum und Bitcoin machen 66 Prozent aus, wobei Bitcoin ein wenig höher gewichtet ist. USDC und USDT machen knapp 25 Prozent aus. Die restlichen Prozent setzen sich aus unterschiedlichen Projekten zusammen, die immer wieder wechseln: Zum Zeitpunkt, zu dem diese Lektüre geschrieben wurde, bestanden die restlichen Prozent aus ATOM und DOT.

Das Portfolio zeichnet aus, dass der Großteil der Investition in die sicheren Häfen Ethereum und Bitcoin fließt. Die Stablecoins USDC und USDT sind mit US-Dollar abgesichert, daher kaum volatil und ebenfalls eine Sicherheit. Der geringste Teil des Portfolios besteht aus Projekten, die künftig entweder nach oben ausbrechen oder im Nirwana verschwinden. Sollte dem so sein, wäre das für das

Portfolio jedoch kein größerer Verlust. Das zeigt sich vor allem auch, wenn die Historie dieses Portfolios betrachtet wird, denn es waren schon unzählige andere Kryptowährungen enthalten, die schnell wieder abgestoßen wurden. Ob mit oder ohne Gewinn, ist nicht bekannt.

Beispielportfolio vom Krypto-Report

Alexander Mittermeier ist Chefredakteur des Krypto-Reports, hält sich öffentlich jedoch bedeckt, was die Zusammensetzung seines Portfolios angeht. Auf seinem YouTube-Kanal finden sich unzählige Videos zu diversen Projekten. Im kostenpflichtigen Blockchain Investor (https://blockchain-investor.de) liefert er ein paar Hinweise auf sein Portfolio. Daraus und aus dem YouTube-Kanal lässt sich nicht hundertprozentig schließen, welche Coins und Token er zu welchem Anteil in seinem Portfolio hält, aber er beschäftigt sich durchaus häufiger mit bestimmten Projekten, sodass zumindest anzunehmen ist, dass er diese auch für eigene Investitionsstrategien nutzt. Ob dem so ist, weiß Alexander Mittermeier am besten, doch folgenden Coins und Token kamen zumindest zu Beginn des Jahres 2023 häufig vor:

Bitcoin, Ethereum, Cardanos ADA, Solanas SOL, Polkadots DOT, Polygons MATIC, Chainlinks LINK, Avalanches AVAX, Aaves AAVE, Elronds ERD, WazirXs WRX sowie Harmonys ONE.

Es ist anzunehmen, dass die sicheren Häfen Bitcoin und Ethereum einen großen prozentualen Anteil am Portfolio einnehmen. Bekannte Projekte wie Cardano, Solana, Polkadot, Polygon und Chainlink werden ebenfalls einen nicht unerheblichen, wenn auch deutlich kleineren Anteil einnehmen. Die anderen Projekte sind spekulativer - steigen sie in die Höhe, umso besser. Verpuffen sie komplett, stört dies das Portfolio nicht massiv.

Beispielportfolio gemäß Top Ten der Kryptowährungen

Unabhängig von britischen oder deutschen Krypto-Profis existieren auch Portfolios, die nicht ganz so umfassend aufgestellt sind. Hier spielt Sicherheit eine größere Rolle als potenzielle Vertausendfachung einzelner Kryptoprojekte. So lohnt es sich immer einen Blick in die Top Ten der Kryptowährungen (nach Marktkapitalisierung) zu werfen. CoinMarketCap (https://coinmarketcap.com) ist eine ideale Anlaufstelle, um zu analysieren, in welche Coins und Token bisher das meiste Geld geflossen ist. Das gibt einen Hinweis darauf, dass diese Projekte offenbar nicht ganz so schlecht laufen (abgesehen vom Terra LUNA Crash, der im nächsten Kapitel behandelt wird). Ein Portfolio auf dieser Basis könnte also folgendermaßen aussehen:

In Bitcoin und Ethereum werden 70 Prozent investiert. USDT, BNB und XRP folgen mit insgesamt 15 Prozent. Die restlichen 15 Prozent teilen sich USDC, ADA, DOGE, TON sowie SOL.

Ein solches Portfolio ist eher auf Sicherheit ausgerichtet. Die Chance, dass exorbitante Kurssteigerungen stattfinden, ist kaum gegeben. Gleichermaßen ist das Risiko geringer, dass es zu Komplettverlusten kommt.

KAPITEL 13

Berühmte Krypto-Pleiten, -Skandale und Datenlecks

Schwarze Schafe gibt es überall, so auch in der Welt der Kryptowährungen. In den vergangenen Jahren gab es immer wieder spektakuläre und medienwirksame Fälle, die das Vertrauen in Kryptowährungen schmälerten. Dabei waren es mehr als einmal klassische Betrügereien, die mit dem Konzept von Kryptowährungen und Token nichts zu tun hatten (bis auf einige Ausnahmen natürlich). Aus all diesen Fällen können Sie etwas lernen, sodass Ihnen dies hoffentlich nicht passiert. Nicht immer waren es offensichtliche Scams – also Betrügereien, bei denen das Opfer zuerst zahlt, bevor es eine angebliche Ware erhalten soll – doch die Tricks und Kniffe, die gewiefte Kryptogauner anwendeten, sind nicht ohne. Ihre Aufgabe bei allem rund um Kryptowährungen ist (und das wird auch noch ein paar Jahre so bleiben):

Informieren Sie sich! Seien Sie skeptisch! Vertrauen Sie nicht – verifizieren Sie!

Mt. Gox

Im Jahr 2011 ging es bergauf für die Handelsplattform Mt. Gox, registriert in Japan. Mt. Gox wurde zur größten Plattform für den Handel mit Bitcoin. Dann kam es zu einem Hackerangriff und 850.000 Bitcoin waren plötzlich verschwunden. Ermittler wurden eingeschaltet und in den Büchern von Mt. Gox wurden einige Unstimmigkeiten entdeckt. Für den Hackerangriff verdächtigt wurde plötzlich der damalige Geschäftsführer Mark Karpelès. Bestätigt wurde dies jedoch bis heute nicht. Mt. Gox war alles andere als vertrauenswürdig und aus bergauf wurde bergab. Dann tauchte auf einmal ein Teil der gestohlenen Bitcoin auf. Manipulierte Rechnungen waren ebenfalls im Spiel und immer wurde Mark Karpelès damit in Verbindung gebracht. Doch eine Aufklärung der ganzen Geschichte ist bis heute nicht geschehen. Viele Anleger gingen leer aus und verloren ihr Vermögen.

Was lernen Sie daraus? Informieren Sie sich über die Kryptobörse, bei der Sie anlegen. Prüfen Sie sie auf Mark und Knochen. Vertrauen Sie nicht einfach – greifen Sie im Zweifelsfall auf einen Anbieter zurück, der bereits mehrere Jahre am Markt tätig ist.

OneCoin

Ruja Ignatova war das Gesicht von OneCoin. Das Schneeballsystem, das die Dame aufsetzte, arbeitete mit dem OneCoin-Token. Zwischen 2014 und 2017 ließ sie sich weltweit bejubeln und machte immer mehr Geld. Wie das ging? Sie akquirierte NutzerInnen, die immer wieder neue NutzerInnen werben sollten. Diese sollten in OneCoin investieren, indem sie Informationsunterlagen und auch Token kauften. Wer es schaffte, neue Nutzer zur Plattform zu bringen, erhielt OneCoins als Token. Ein ganz normales Schneeballsystem, nur adaptiert auf die Welt der Kryptowährungen.

Was lernen Sie daraus? Schauen Sie sich das Projekt, in das Sie investieren wollen, genau an. Welchen Nutzen wird es haben? Welches Problem wird es lösen? Sind die Entwickler aktiv oder dümpelt das Projekt vor sich hin? Welche Investoren stehen dahinter? Haben Sie bei einem favorisierten Projekt Bauchschmerzen, lassen Sie die Finger davon.

Terra UST und LUNA

Der Mai 2022 markierte einen Wendepunkt bei (algorithmischen) Stablecoins. In diesem Monat crashten Terraform Labs UST Token (TerraUSD) und die LUNA Kryptowährung auf nahezu Null Euro. Terraform Labs kreierte den Token UST als algorithmischen Stablecoin. Das heißt, dass der Stablecoin nicht, wie bei „normalen"

Stablecoins, durch beispielsweise eine andere Währung abgesichert war, sondern dass er durch einen komplexen Code und die Kryptowährung LUNA gesichert wurde. Dennoch orientierte sich UST am US-Dollar. Diese Orientierung wurde im Mai 2022 aufgegeben, was dazu führte, dass der Kurs von UST massiv fiel. LUNA folgte ihm. Der wahrscheinliche Grund dafür, dass dies geschah, war, dass vor dem Zusammenbruch viele Anleger ihre Kryptowährungen abhoben, da der Bitcoin einem starken Preisverfall ausgesetzt war und sie mehr und mehr Bedenken bezüglich Kryptowährungen hatten. Das führte scheinbar dazu, dass der Algorithmus dieses besonderen Stablecoins die Kopplung an den US-Dollar aufhob, was schlussendlich eine Kettenreaktion verursachte (trotz Versuchen seitens Terraform Labs dem entgegenzuwirken), an dem am Ende der Totalverlust stand. Das Konzept ging also offensichtlich nicht auf – 45 Milliarden US-Dollar lösten sich binnen einer Woche in Luft auf. Dieser Crash war für den Kryptomarkt verheerend und führte zusätzlich zu einer massiven Abwertung anderer Kryptowährungen und Token.

Was lernen Sie daraus? Sie lernen, dass der Kryptomarkt von vielen Faktoren beeinflusst werden kann. Eine einst so relevante Kryptowährung wie LUNA (immerhin unter den Top Ten der größten Kryptowährungen zu dieser Zeit) löst sich in Luft auf und andere Währungen ziehen mit, ohne dass Sie irgendeinen Einfluss darauf haben. Wieso? Weil das Vertrauen in die Kryptowährungen massiv geschädigt wurde. Und was können Sie machen? Nichts!

Das ist das Risiko, dem Sie sich aussetzen. Zum Trost sei aber gesagt, dass derartige Crashs nicht der Normalzustand sind.

Celsius

Das kanadische Celsius Network verlieh Kredite gegen vorher auf ein Celsius-Konto eingezahlte Kryptowährungen, die als Sicherheit für die Kredite galten. Das Konzept funktionierte seit 2018 relativ gut, bis Celsius im Juni 2022 plötzlich alle Möglichkeiten stoppte, um Geld zu transferieren. Der Grund waren die „extremen Marktbedingungen". Einen Monat später meldete Celsius Insolvenz an. Schon vor dem Transferstopp zeigte sich Celsius äußerst aggressiv gegenüber Kritikern der Plattform. Spätestens an dieser Stelle hätte jeder Anleger, der im Celsius-Netzwerk tätig war, die Reißleine ziehen und versuchen müssen, sein Geld zu retten. Davor gab es im Jahr 2021 bereits ein Datenleck. Im selben Jahr äußersten einige US-Behörden, dass das Geschäftsmodell von Celsius untersuchenswert wäre. Die Generalstaatsanwältin von New York schaltete sich ein und auch die israelische Polizei startete Untersuchungen gegen einen Mitarbeiter. Ein Partner-Unternehmen von Celsius beendete im selben Jahr die Zusammenarbeit mit dem Netzwerk, da ihm das Geschäftsmodell nicht ganz sauber erschien.

Was lernen Sie daraus? Es gab bei Celsius schon ein Jahr vorher Anzeichen, dass irgendetwas bei diesem Netzwerk nicht stimmte. Wer aufmerksam die Geschichte vor dem

Juni 2022 verfolgt hat, hätte erkannt, dass das Geschäftsmodell von Celsius nicht gut funktionieren kann. Eine Woche vor dem endgültigen Transferstopp war offensichtlich, dass Celsius mit dem Rücken zur Wand stand, weshalb es in den Angriffsmodus überging. Unternehmen, die so agieren, haben in der Regel Probleme. Haben Sie sich also für eine Plattform entschieden, vertrauen Sie ihr nicht blind. Sobald Sie ein schlechtes Bauchgefühl bekommen, sichern Sie lieber erst einmal Ihren Bestand oder wechseln Sie zu einer anderen Plattform.

Bitfinex

Im Jahr 2016 gab es einen spektakulären Hack auf die Kryptobörse Bitfinex. Damals wurden fast 120.000 Bitcoins in ungefähr 2.000 Transaktionen auf ein einziges Wallet übertragen. Der Wert damals: knapp 72 Millionen US-Dollar. Im Jahr 2017 wurden dann kleinere Beträge aus diesem Wallet heraus transferiert, um sie zu waschen. Erst im Jahr 2022 wurden zwei Personen verhaftet, die im Zusammenhang mit den gestohlenen Bitcoins stehen. Der Wert zum Zeitpunkt der Verhaftung: 3,6 Milliarden US-Dollar. Schlussendlich gelang den Ermittlungsbehörden der Zugriff nur, weil Bitcoin eben doch nicht so anonym ist, wie viele Menschen denken (siehe Kapitel über Bitcoin).

Was lernen Sie daraus? Erstens: Bitcoins sind nicht anonym. Egal, wie lange es dauert: früher oder später wird es möglich sein, die Menschen zu identifizieren, die an den Transaktionen beteiligt waren. Zweitens: Kryptobörsen sind nicht sicher vor Hackerangriffen. Sie sollten Ihre Bitcoins (und natürlich alle anderen Kryptowährungen) idealerweise nicht länger bei einer Kryptobörse liegen lassen, sondern sie in Cold Wallets verwahren.

MyCryptoWallet

Die kleine australische Kryptobörse meldete 2021 Insolvenz an. Im Vorfeld gab es Beschwerden von Nutzern, die nicht ordentlich mit der Börse interagieren konnten. Sie hatten Probleme ihr Geld abzuheben oder überhaupt Zugriff auf ihr Konto bei MyCryptoWallet zu erhalten. Manche sagten, ihre Münzen seien komplett verschwunden. Irgendwann schaltete sich die australische Aufsichtsbehörde für Unternehmen ein (ASIC) und den Rest können Sie sich denken. Hunderttausende Dollar, angelegt in Kryptowährungen, sind verschwunden.

Was lernen Sie daraus? Wie bei Mt. Gox hätten Anleger sich besser informieren müssen. Der Gründer von MyCryptoWallet fuhr schon ein Jahr vorher ein anderes Unternehmen an die Wand. Das beschäftigte sich nicht mit Kryptowährungen, sondern mit Haustieren, doch es hätte zu denken geben müssen. Und selbst wenn dies nicht zu denken gibt, dann lohnt es sich immer, darüber nachzudenken, die eigenen Coins nicht auf einer Kryptobörse zu belassen, sondern lieber in Cold Wallets zu sichern.

Crypto.com

Eine eigentlich amüsante Geschichte - kein Betrug, kein Scam - aber sie zeigt, wie schnell Unternehmen, die als Kryptobörse auftreten, in eine finanzielle Bredouille geraten können. Die Plattform crypto.com überwies nämlich versehentlich 10,5 Millionen Dollar an eine Anlegerin. Die hat es sicher gefreut, denn eigentlich wollte sie nur 100 Dollar haben. Doch irgendwas lief schief bei crypto.com und schon waren 10,5 Millionen weg. Das fiel erst Monate später auf und zog einige Gerichtsverfahren nach sich. Schlussendlich gibt es crypto.com immer noch, doch dieser Fall zeigt, dass auch eine Kryptobörse nichts anderes ist als ein Unternehmen, das am wirtschaftlichen Geschehen teilnimmt. Wie jedes Unternehmen können auch Kryptobörsen Fehler passieren und - wie jedes Unternehmen - kann auch eine Kryptobörse insolvent werden. Nicht wegen 10,5 Millionen Dollar, aber wer weiß, was passiert wäre, wenn es sich um 100 Millionen oder noch mehr gehandelt hätte.

Was lernen Sie daraus? Wenn Sie Ihr Geld langfristig in Kryptowährungen investieren möchten, ziehen Sie es von der jeweiligen Börse ab und bewahren Sie die Währungen in einem Cold Wallet auf. Nur so schützen Sie sich vor plötzlichen Pleiten und Betrügereien.

Africrypt

Im Jahr 2019 versprachen Ameer und Raees C. mit ihrer in Südafrika gegründeten Kryptobörse Africrypt satte Gewinne. Anleger sollten ihr Geld über Africrypt in Kryptowährungen tauschen. Bis zu 10 Prozent Rendite waren drin - wer schlägt da nicht zu? Das taten sodann auch einige Anleger. Doch Ameer und Raees C. hatten anderes im Sinne: Sie tauchten mit 70.000 Bitcoin unter - finanziert von den Anlegern. Gefunden wurden sie bis heute nicht.

Was lernen Sie daraus? Niemand kann Ihnen in der Kryptowelt ernsthaft Rendite versprechen. Dafür sind die Währungen (derzeit noch) zu volatil. Sobald Ihnen also ein fixes Renditeversprechen gemacht wird: Werden Sie misstrauisch. Auch hier gilt ebenfalls wieder: Prüfen Sie die Plattform, auf der Sie anlegen, vorher auf Mark und Knochen.

QuadrigaCX

Kanadas größte Kryptobörse - bis 2019. Denn da stellte QuadrigaCX ihren Service ein und meldete Insolvenz an. Das lag maßgeblich daran, dass der Gründer und Geschäftsführer von QuadrigaCX (Gerald Cotten) Ende 2018 in Indien verstarb - zusammen mit dem Passwort zu den Cold Wallets, in der QuadrigaCX das Vermögen verwaltete. Ob das ganze Geld, das Anleger QuadrigaCX überwiesen und in Kryptowährungen tauschten, jedoch tatsächlich in den Cold Wallets zu finden ist, weiß niemand. Laut Chainalysis - einem Trackingdienst für Kryptowährungen - ist nämlich nicht ersichtlich, dass die ganzen Einlagen investiert wurden. Im Laufe der Zeit kam heraus, dass das gesamte Konzept hinter QuadrigaCX ein sogenanntes Ponzi-Schema war - Gerald Cotten eröffnete Konten unter Pseudonymen und schrieb sich selbst Kryptowährungen gut (auch fiktive) und handelte damit. Viele geprellte Anleger werfen ihm vor, seinen Tod vorgetäuscht zu haben - bewiesen ist das nicht.

Was lernen Sie daraus? Auch hier war es wieder die Kryptobörse, die betrügerisch genutzt wurde. Eine Kryptowährung oder ein Token selbst war (anders als bei OneCoin) nicht involviert. Wieder lernen Sie: Schauen Sie sich die Börse genau an, an der Sie Ihr Geld anlegen wollen. Selbst wenn sie einen stabilen Eindruck macht und absolut populär ist - überlegen Sie, Ihre Kryptowährungen von der Börse abzuziehen und in Cold Wallets zu verwahren.

FTX

Mit dem Fall von FTX hätte wohl niemand gerechnet, doch Ende 2022 ging die gigantische Kryptobörse insolvent und zog auch 2023 noch große Nachwehen mit sich. Die Veruntreuung von Kundengeldern in Höhe von knapp 10 Milliarden Dollar war Stein des Anstoßes für die Insolvenz. Kurz nachdem diese bekannt gegeben wurde, wurden knapp 1 Milliarde US-Dollar entwendet. Der Fall von FTX erschütterte nicht nur die gesamte Kryptowelt, sondern ließ auch den Solana Kurs dramatisch einbrechen, da FTX ein wichtiger Investor war für Solana.

KAPITEL 14

Kryptowährungen im Jahr 2024 – ein Ausblick

Was passiert im Jahr 2024? Da wissen wir natürlich immer erst hinterher, doch es ist davon auszugehen, dass es Kryptowährungen auch 2024 nicht leicht haben werden. Die Popularität, die sie in den vergangenen zwei, drei Jahren erlangten, riefen nicht nur Befürworter auf den Plan, sondern auch Gegner. Schon jetzt ist wahrnehmbar, dass die mediale Berichterstattung über Bitcoin und Co steigt. Diese ist nicht immer positiv und es ist davon auszugehen, dass das auch so bleiben wird. Sobald es negative Schlagzeilen rund um Bitcoin und Co gibt, sind diese medial sofort präsent. Positive Schlagzeilen verpuffen. Solange, bis sich Kryptowährungen in den Finanzstrom eingependelt haben, der unseren Globus bestimmt. Dieses Einpendeln geschieht mit zunehmender Adaption der Währungen. Es geschieht, wenn Kryptowährungen umweltfreundlicher werden. Es geschieht, wenn

Gesetzgeber Gesetze erlassen haben, die Kryptowährungen (wenn es denn möglich ist) regulieren. Doch bis das alles der Fall ist, wird noch Zeit ins Land gehen.

Was für 2024 zu erwarten ist, ist, wie schon 2023, große mediale Aufmerksamkeit. Es ist davon auszugehen, dass viele Politiker weltweit mit wilden Regulierungsfantasien um sich werfen. Viele davon werden nicht haltbar sein. Einige davon werden es sicher schaffen, dass sie durchgesetzt werden. Besonderes Augenmerk sollten Sie dabei auf den Umgang der US-amerikanischen Börsenaufsichtsbehörde SEC mit dem Proof-of-Stake-Konsensmechanismus legen. Die SEC versucht, auch über ein Gerichtsverfahren mit Ripple, Proof-of-Stake-Kryptowährungen als Wertpapiere einzustufen. Ripple sieht dies natürlich nicht so. Das Gerichtsurteil (wann immer es gefällt wird) wird einen erheblichen Einfluss auf Proof-of-Stake-Kryptowährungen haben. Auch im Jahr 2024 wird dieses Thema sicher die mediale Öffentlichkeit beschäftigen. Vor allem, weil davon auszugehen ist, dass in diesem Jahr die laufenden Verfahren der SEC abgeschlossen werden, gleichzeitig punktuell aber auch neue Verfahren angestoßen werden.

Ein weiteres Thema ist das der Energie. Auch wenn der Energieverbrauch von Kryptowährungen diversifiziert betrachtet werden muss und sich bei Weitem nicht so darstellt, wie öffentlich propagiert, ist er ein Thema. Selbst wenn Kryptowährungen energieeffizienter wären als alles andere auf dieser Welt: Solange die öffentliche

Meinung den Energiebedarf von Kryptowährungen verteufelt, solange werden sie es schwer haben, am Markt akzeptiert zu werden. Es ist unwahrscheinlich, dass sich das im Jahr 2024 ändert. Strom- und Energiebedarf stehen seit 2022 besonders im Fokus der Menschen - da werden dieselben Menschen sich kaum zwei Jahre später davon überzeugen lassen, dass Kryptowährungen energetisch positiv zu sehen sind.

Für den Fall, dass weitere Staaten einzelne Kryptowährungen parallel zur eigenen Währung akzeptieren, sollte das diesen Währungen Aufwind geben. Es ist jedoch davon auszugehen, dass dieser Aufwand nicht nachhaltig ist, weil schnell andere Faktoren wieder Kurs-bestimmend zurückkehren. Bestes Beispiel ist El Salvadors Adaption des Bitcoins. Als dies geschah, war das mediale Echo riesig. Der Bitcoin war überall bekannt. Da es danach mit dem Bitcoin-Kurs nur noch bergab ging, hielt sich auch El Salvadors Präsident eher zurück mit der Kommunikation. Es ist für 2024 nicht absehbar, ob weitere Staaten dem Beispiel El Salvadors und der Zentralafrikanischen Republik folgen. Derzeit sieht es nicht danach aus, dass dem so ist. Selbst wenn, wird es wohl eher der Bitcoin sein, der davon profitiert, da er oft als die "sicherste" Kryptowährung angesehen wird.

So volatil und stürmisch auch der Ausblick für das Jahr 2024 ist: Chancen bestehen immer. Besonders wichtig ist es, auf Updates der Blockchains zu schauen. Auch steht das nächste Bitcoin Halving an. In der

Vergangenheit sorgte ein solches Halving bislang fast immer für stark steigende Kurse.

Risiken liegen dennoch in der Weltlage. Solange die Krisen und Probleme zunehmen, sind auch Kryptowährungen davon betroffen. Eine Krise jagt die nächste und je weniger Geld Menschen zur Verfügung haben, um zu investieren, desto unwahrscheinlicher ist es, dass sie in hochvolatile Kryptowährungen investieren. Trotzdem sollten Sie positiv in die Zukunft sehen, denn alle Krisen gehen vorbei und die Geschichte lehrte der Finanzwelt, dass jedem Umbruch etwas Gutes innewohnt. Kryptowährungen stehen erst am Anfang ihrer Existenz und es ist unwahrscheinlich, dass sie wieder verschwinden werden. Das Jahr 2024 wird wahrscheinlich nicht dafür bekannt werden, dass es für Kryptowährungen historisch bedeutend war, es sei denn, das Bitcoin Halving löst eine neuerliche Welle an Investitionen aus. Bis dahin: HODL well!

Haftungsausschluss

Die Umsetzung aller enthaltenen Informationen, Anleitungen und Strategien dieses Ratgebers erfolgt auf eigenes Risiko. Für etwaige Schäden jeglicher Art kann der Autor aus keinem Rechtsgrund eine Haftung übernehmen. Für Schäden materieller oder ideeller Art, die durch die Nutzung oder Nichtnutzung der Informationen bzw. durch die Nutzung fehlerhafter und/oder unvollständiger Informationen verursacht wurden, sind Haftungsansprüche gegen den Autor grundsätzlich ausgeschlossen. Ausgeschlossen sind daher auch jegliche Rechts- und Schadensersatzansprüche. Dieses Werk wurde mit größter Sorgfalt nach bestem Wissen und Gewissen erarbeitet und niedergeschrieben. Für die Aktualität, Vollständigkeit und Qualität der Informationen übernimmt der Autor jedoch keinerlei Gewähr. Auch können Druckfehler und Falschinformationen nicht vollständig ausgeschlossen werden. Für fehlerhafte Angaben vom Autor kann keine juristische Verantwortung sowie Haftung in irgendeiner Form übernommen werden.

Impressum

Herausgeber: Dennis Schöndienst, Lindenstraße 25, 78606 Seitingen-Oberflacht, E-mail: dennis.schoendienst@gmail.com

Printed in Poland
by Amazon Fulfillment
Poland Sp. z o.o., Wrocław

33630124R00091